PREDICA CON PODER

Predica con poder

© 2019 José M. Moral. Reservados todos los derechos.

Publicado por:

J Moral Ministries

jmoralhdez@gmail.com

Cubierta y diseño interior: José M. Moral

Todas las referencias bíblicas fueron tomadas de la Biblia Reina-Valera de 1960 a menos que se indique otra fuente.

Categorías: religión, predicación, exégesis y homilética.

JOSÉ M. MORAL

PREDICA CON PODER

Guía práctica para crear sermones expositivos sin ser un experto

DEDICATORIA

Dedico este libro a mis apreciados lectores, como gratitud sincera por elegir leer mis libros; y también a quienes desean unirse a la difícil tarea de predicar el evangelio de Cristo.

ÍNDICE

INTRODUCCIÓN

Si abriste este libro es porque te interesa el tema de la predicación evangélica y deseas predicar tus propios sermones con poder. Ahora tienes una guía para lograrlo. Que pone a tu alcance elementos de la predicación profesional en forma práctica y convierte la creación del sermón expositivo en una tarea sencilla al alcance de todos. Tú puedes lograrlo.

Predica con poder: Guía práctica para escribir sermones expositivos sin ser un experto, enfoca dos grandes temas de la predicación: la preparación del sermón bíblico y el crecimiento individual del predicador a partir de la experiencia.

Beneficio que se logra mediante la comprensión y aplicación de tres elementos básicos de la predicación expositiva: La importancia de la exégesis, el dominio de reglas homiléticas y el perfeccionamiento de la exposición del sermón.

Este no es un libro de homilética teórica enfocado en dar a conocer ciertas reglas; sino que tiene un contenido práctico, procura mostrarte paso a paso la manera más sencilla como puedes crear un sermón expositivo que luego prediques con poder.

La meta es simple: trasmitirte algunos consejos útiles conseguidos durante años de estudio, unidos a la experiencia de 40 años como predicador; los cuales te mostrarán que no necesitas cursar costosos programas académicos para predicar los sermones que muchos desean escuchar.

Comparto contigo reglas prácticas sencillas que pueden hacer la diferencia entre el fracaso y el éxito de un predicador. Si las aprendes y te pones en las manos de Dios alcanzarás tu meta en poco tiempo. Comprenderás que cualquiera que se lo proponga puede predicar bien; porque la predicación está al alcance de *todos.* Jesús envió a sus seguidores a predicar a todo el mundo (Mateo 28:16-20); y entre los enviados estás tú, que ahora tienes esta guía en tus manos.

Este libro te guiará a convertirte en un predicador de poder. El texto es un manual que muestra los pasos esenciales que te ayudarán a elaborar un sermón expositivo de calidad. Es una guía que procura ayudarte a armar tu sermón a partir del texto bíblico que prefieras. Te muestra los pasos que debes cumplir desde que eliges el texto hasta que concluyes tu sermón.

Esta guía explica cuatro pasos esenciales en la construcción del sermón bíblico: organización temática, análisis textual, retoque del documento y documentación personal. Además, expone cómo puedes elaborar tu sermón y también contiene bosquejos y plantillas que te servirán de muestra para que confecciones tus propios materiales y métodos de análisis.

El objetivo es que cuando prepares tu sermón, este manual te sirva de guía hasta que logres hacerlo tú mismo. Entonces tu perspectiva como predicador habrá crecido.

Si sigues los pasos indicados en esta guía, predicarás con facilidad de cualquier texto bíblico que elijas. Tus oyentes lo disfrutarán y tú quedarás satisfecho de haber logrado crecer un poco más en tu meta de convertirte en un predicador poderoso.

Lo más probable es que antes que termines de estudiar este libro notes un cambio significativo en tu comprensión técnica y espiritual de los conocimientos homiléticos y exegéticos, que pueden ayudarte a predicar con poder; tal vez, tu objetivo espiritual más acariciado durante años de intentos infructuosos para lograrlo.

Este libro forma parte de una serie de tres volúmenes que estará completa dentro de poco. Los dos textos futuros presentan otros temas importantes que complementan el presente estudio para los predicadores de Cristo. Esta triada de libros puede perfeccionar la comprensión homilética y espiritual de quienes se proponen llevar el mensaje de la cruz a los pecadores.

Te deseo éxito en la empresa de predicar el evangelio y pido a Dios que te guíe y acompañe en tu propósito. Oro por ti para que logres tu meta de ser un predicador exitoso. Que Dios te bendiga mucho y puedas predicar con el poder divino.

Paso 1

ORGANIZACIÓN TEMÁTICA

Uno de los aspectos esenciales a una buena predicación es la organización homilética del sermón. Este es el primer paso del éxito en la predicación. Se ha dicho que «El orden es la primera ley del cielo», y pienso que es la primera ley de todo lo que triunfa en la vida y aún en la naturaleza; incluso, en los eventos naturales negativos. Un huracán no sería tal si no lograra un alto nivel de organización de los vientos alrededor de un área definida de baja presión atmosférica. Las reglas homiléticas procuran que el predicador establezca el orden necesario en su sermón.

La palabra homilética viene del griego *homiléticos,* que significa reunión y *homileos,* que significa conversar; aunque tiene un significado más amplio que su raíz: «... del griego *homileo,* platicar, charlar; i. e., una conversación familiar. La *homilética* es una rama de la teología que tiene que ver con el arte y la ciencia de la predicación cristiana, y que trata con la naturaleza, clasificación, análisis, construcción y composición de un sermón» (Instituto Hispano-Americano de la Misión, 2018). Las reglas homiléticas pueden ayudarte a componer un sermón que después prediques con poder.

En un buen sermón sobresale el orden de las ideas. Cuando seleccionas un pasaje que te llamó la atención lo que tienes es materia prima. No has creado nada. No tienes un sermón. Para predicar con poder tienes que crear. Organiza las ideas al mayor nivel posible. No te conformes con unas pocas observaciones textuales.

El sermón es una pieza oratoria que lleva impreso el sello de tu personalidad. Es irrepetible. Otros predicadores pueden tomar tus ideas, pero no tu sermón, para hacerlo propio tendrían que copiarlo y leerlo como si fuera suyo y si lo hacen sin tu permiso se llama plagio. Es delito.

El secreto de tu éxito en la predicación expositiva está en que organices lo más posible el contenido del texto. Que tu sermón lleve el sello de tu personalidad. La organización textual inicia con cuatro ejercicios necesarios: lectura crítica, bosquejo textual, identificación de términos y organización expositiva.

Lectura crítica

Lee el texto con espíritu crítico. No actúes de acuerdo con la última opinión que oyes o lees. Desarrolla criterio propio y toma decisiones por ti mismo. Las esponjas, sin importar si es bueno o malo, absorben lo que toca con ellas. No distinguen entre lo que no sirve y lo que vale la pena. Eso puede suceder si lees la Biblia o estudias distintos léxicos y comentarios bíblicos sin que tomes en cuenta el tipo de lectura que haces. Es posible que absorbas de todo sin darte cuenta de qué información conseguiste. No eres una esponja.

Puedes leer con la intención de entretener, informar, aprender e investigar. Cuando lees para entretenerte excitas las emociones, si te informas satisfaces la curiosidad respecto de algo y si aprendes adquieres conocimiento; pero cuando investigas amplías las enseñanzas que adquiriste. Creces más.

¿Qué es lectura crítica? La lectura crítica es distinta a los demás tipos de lectura, va más allá de recordar que leíste una cosa u otra, requiere que desarrolles aptitudes esenciales. El investigador no solo memoriza contenido; sino que descifra el mensaje detrás del texto leído. Busca significados dentro del texto.

No le basta leer y recordar lo que leyó, su interés es encontrar similitudes y diferencias textuales. Es un trabajo complejo, pero si quieres predicar con poder debes cultivar una mentalidad crítica.

Para lograrlo necesitas leer muchas veces el mismo texto. Lee el pasaje todas las veces que necesites hasta que lo comprendas. Algunos expertos aconsejan que lo leas unas cincuenta veces mientras piensas y reflexionas en lo que lees y anotas los datos que encuentras y las ideas que se te ocurren. Es un buen método. Clasifica en columnas el material que encuentres cuando lees el texto. Selecciona categorías. Distingue entre lo semejante y lo diferente. Agrupa los términos lingüísticos en familias: palabras semejantes, frases de parecido temático, verbos, sustantivos, adjetivos, preguntas y cualquier pista que apunte al significado de cada detalle textual. Es un ejercicio útil en la confección del bosquejo del sermón.

Bosquejo textual

El bosquejo del texto es la base estructural de la oratoria expositiva cristiana, de él nace el bosquejo del sermón. Es probable que nunca bosquejes un libro de cuentos o un periódico; pero si quieres predicar bien bosqueja lo que lees en la Biblia. Aprende la técnica de bosquejar. Es un buen método para descubrir las perlas ocultas en el texto bíblico.

Según la Real Academia Española (RAE), un bosquejo es: «Traza primera y no definitiva de una obra pictórica, y en general de cualquier creación intelectual o artística. Idea vaga o preliminar de algo» (RAE, 2017). Para la RAE bosquejar es: «Disponer o trabajar algo, pero sin concluirlo. Indicar con vaguedad un concepto o plan» (Ibíd.). Delinear la idea central del autor. El pintor crea un boceto a lápiz. El predicador bosqueja el texto bíblico sobre papel real o electrónico.

El bosquejo es la columna vertebral que organiza el material bíblico que analizas. Es la creación de la estructura que servirá de base al nacimiento de una nueva criatura: tu sermón. Concentra en frases cortas los aspectos sobresalientes del texto, identifica datos importantes y clasifícalos.

Es difícil que conozcas las enseñanzas de un texto si ni siquiera sabes lo que dijo el autor. Por eso es necesario el bosquejo del texto. Los distintos niveles del bosquejo acercan a la vista del lector los diferentes temas enfocados por el autor de la porción bíblica que estudias.

El trabajo consiste en descubrir el esqueleto de la narración, el tipo de escritura utilizada, si es un poema, un salmo, un cántico, son proverbios o es un relato, etc. Debes saber qué dijo el autor. Cuando investigas consigues información útil sobre el texto. Or-

17

ganiza el material lo mejor que puedas para que te sea más fácil comprender el significado correcto del tema que trata.

Bosquejar el texto es el primer trabajo después que elijas una porción bíblica y la leas varias veces. Observa el bosquejo del siguiente texto. Analiza el camino al Padre que Jesús anunció a sus discípulos en (Juan 14:1-14).

I. **Promesa de Jesús a sus discípulos (Juan. 14:1-3).**
   A. Jesús dijo a sus seguidores (v. 1).
      a. No turben el corazón (v. 1a).
      b. Crean en Dios (v. 1b).
      c. Crean en Mí (v. 1c).
   B. Jesús prometió a sus seguidores (v. 2).
      a. El Padre tiene muchas moradas (v. 2).
      b. Jesús no miente (v. 2a).
      c. Prepararé un lugar para cada uno (v. 2b).
   C. Jesús se va y regresará (v. 3).
      a. Volverá a buscarnos (v. 3a).
      b. Nos llevará con él (v. 3b).
      c. Viviremos con él (v. 3c).
II. **Jesús el camino (Juan. 14:4-6).**
   A. Jesús reveló lo necesario para nuestra salvación (v. 4).
      a. Sugirió el origen de su morada (v. 4a).
      b. Señaló el camino a esa morada (v. 4b).
   B. Algunos no comprenden a Jesús (v. 5).
      a. Ignorancia de Tomás (v. 5a).
      b. Inseguridad de Tomás (v. 5b).
   C. La salvación es Jesús (v. 6).
      a. El camino es una persona (v. 6a).
      b. La verdad es una persona (v. 6b).
      c. La vida está en una persona (v. 6c).
      d. No existe otro camino (v. 6d).
III. **Relación de Jesús con su Padre (Juan. 14:7-11).**
   A. Aclaración de Jesús (v. 7-9).
      a. Incomprensión humana (v. 7).
      b. No conocían a Jesús (v. 7a).
      c. No conocían al Padre (v. 7b).

d. Semejanza divina entre Jesús y el Padre (v. 7c).
B. Insistencia de Felipe (v. 8).
   a. Llamó a Jesús Señor (v. 8a).
   b. Pidió ver al Padre (v. 8b).
   c. Convicción sujeta a pruebas (v. 8c).
C. Preguntas de Jesús (v. 9).
   a. ¿Todavía no me conoces? (v. 9a).
   b. ¿Por qué pides ver al Padre? (v. 9b).
D. Las obras de Jesús (v. 10).
   a. La incredulidad impide la relación con Jesús (v. 10).
   b. El problema es la duda (v. 10a).
   c. Las palabras de Jesús son clave para entender su procedencia (v. 10b).
   d. Jesús no actúa independiente del Padre (v. 10c).
   e. El Padre actúa con Jesús (v. 10d).
   f. Las obras de Jesús pertenecen a ambos (v. 10e).
E. Invitación de Jesús (v. 11).
   a. Creer en mí es posible (v. 11a).
   b. Las obras de Jesús demuestran su procedencia (v. 11b).

IV. **Posibilidades de los seguidores de Jesús (Juan. 14:12-14).**
A. El que cree en Jesús obtiene su poder (v. 12).
   a. Repetirá sus obras por fe (v. 12a).
   b. Superará a Jesús en obras (v. 12b).
   c. Desde el cielo Jesús respalda la fe del creyente en él (v. 12c).
B. El que pide en nombre de Jesús recibe respuesta (v. 13).
   a. Pide al Padre (v. 13a).
   b. Pide en nombre de Jesús (v. 13b).
   c. Jesús responderá (v. 13c).
   d. El objetivo es la glorificación del Padre (v. 13d).
C. El secreto del éxito del creyente es Jesús (v. 14).
   a. Pide en nombre de Jesús (v. 14a).
   b. Jesús responderá tu pedido (v. 14b).

El bosquejo correcto no quita ni añade al texto, sino que relaciona una síntesis de las ideas contenidas en el pasaje.

Un bosquejo del relato no es un sermón, es un esquema de las enseñanzas encerradas en la historia o contenido. No te quedes en el bosquejo, conformarse con eso es como vender materia prima. No has construido nada todavía. No es lo mismo regalarle pan a la gente, a que les des un poco de harina de trigo. No se sentirán igual.

Los vendedores de materia prima a veces se sienten estafados por los compradores. Los segundos transforman la materia prima en productos y multiplican sus ganancias en mayor porcentaje que los primeros. A veces hasta se enriquecen en poco tiempo. Mientras que los primeros trabajan, en ocasiones, más de lo que creían, y reciben menos ganancia que los compradores de su producto; porque lo que más valora la gente es la creatividad.

Si analizas el bosquejo anterior intuyes que de él puede salir más de un sermón. Eso depende del enfoque y de lo que te propones enseñar a la gente —como veremos más adelante. Por ahora solo nos interesa el bosquejo de la lectura. Debes aprender a interpretar lo que lees. Sin una mente interpretativa es difícil profundizar. Desarrolla pensamiento Crítico.

La lectura que te parece trivial, que bosquejas con desgano, la puedes pulir hasta que brille como un diamante. De ella deriva el bosquejo del sermón, o de los sermones; porque el texto puede convertirse en una serie de sermones.

El esquema del sermón parte del bosquejo del texto, y surge de horas de meditación y análisis de cada frase, palabras utilizadas, verbos que accionan en el texto, adjetivos que definen características, sustantivos que actúan en la escena y otros encontrados en el contenido. Identifica las partículas del texto y aíslalas hasta que brillen solas. Muchas estrellas son pequeñas gemas perdidas en el inmenso espacio interestelar. Nadie las nota hasta que las observan aparte de las demás.

Identificación de términos

Otro de los aspectos a tomar en cuenta es el lingüístico. Elegiste un pasaje de la Escritura y lo bosquejaste, desmenúzalo en partes lógicas. Identifica las frases que contiene el texto y clasifica cada palabra de las frases que organizaste en el bosquejo. Selecciona el contenido textual. Escoger es distinguir entre iguales o diferentes y separarlos en grupos. Vuelve a leer el texto varias veces, no importa si superas las cincuenta lecturas del pasaje mientras lo haces pedazos y analizas cada partícula de él. No importa que hiciste el bosquejo, lee el pasaje otra vez a la luz del bosquejo textual que realizaste. Identifica los aspectos principales y clasifícalos en un papel. Es el método de trabajo que rinde el fruto deseado por ti. La primera vez que clasificas el contenido textual es la más difícil. Cuando aprendes a hacerlo es fácil, ahorrarás tiempo después. El tiempo es oro y debes administrarlo bien para que te produzca beneficios tangibles. Si lo que encuentras en la lectura lo clasificas como es debido, el resto es perfeccionar el documento. Presta atención a cada detalle textual y comprenderás mejor el asunto temático del texto.

El predicador es un estudioso que sabe lo que lee. Felipe preguntó al etíope: «¿*Entiendes lo que lees?*» (Hechos 8:30). La pregunta de Felipe no sugirió que el eunuco no sabía lo que leía; sino que él le podía ayudar a entender el texto de Isaías. Él estaba ahí para ayudarlo.

El predicador conoce y trasmite un mensaje relevante. Exhala confianza en el oyente. Lo ayuda a entender. Pero eso ocurre si dominas el tema a la perfección. Infórmate hasta de los pormenores más insignificantes del texto.

Un escrito contiene muchas partes: libros, capítulos, párrafos, oraciones (frases) y palabras; pero la Biblia también tiene versículos. Y este es uno de los aspectos que confunde a algunos predicadores: no distinguen la aproximación temática entre versículos.

Los escritores de la Biblia no escribieron capítulos y versículos como los conocemos hoy, redactaron de corrido. Esas divisiones surgieron después para facilitar el estudio; pero a veces las divisiones actuales en capítulos y versículos dificultan la comprensión del mensaje original.

El predicador promedio enmarca su tema en los versículos que elige para su sermón. Es un trabajo hecho, le parece más fácil, por lo que el orador parte del versículo como la partícula clave de su presentación.

Este método puede ser útil, pero no produce los mejores resultados expositivos. Se conoce como «Método de texto probatorio».

El método de *texto probatorio* es el sistema de predicación más común entre los predicadores, sobre todo entre los principiantes. La primera, y a veces única, herramienta de muchos predicadores novatos es una Biblia con concordancia. Piensan que sin ella es imposible predicar.

La concordancia de tu Biblia es limitada, mínima en recursos, básica en contenido; las concordancias completas son caras y relacionan por temas todos los versículos de la Biblia desde distintos ángulos temáticos y alfabético.

Es fácil buscar en la concordancia una palabra y encontrar varios versículos que la mencionan, muchas veces, por razones distintas. A veces, sin reparar en ese detalle, el predicador toma versículos por la semejanza de ciertas palabras, sin importarle el contexto, y los incluye en el tema y ya está el sermón. Lo llaman sermón temático; pero no es más que una cadena de versículos unidos con un propósito específico. Un estudio bíblico.

No es pecado predicar un tema. A veces esta puede ser la mejor manera de enseñar determinada doctrina o de demostrar un asunto en particular. Jesús predicó un sermón temático en el camino a Emaús: «*Y comenzando desde Moisés, y siguiendo por todos los profetas, les declaraba en todas las escrituras lo que de él decían*» (Lucas 24:27).

El tema de Jesús fue la misión terrenal del Mesías bíblico. Paseó a Cleofas y a su compañero por la Biblia de principio a fin y les enseñó el significado de los acontecimientos que los tenían desanimados. El estudio de Jesús fue una pieza magistral.

Los oyentes reconocieron el poder del mensaje de Jesús: «*Y se decían el uno al otro: ¿No ardía nuestro corazón en nosotros, mientras nos hablaba en el camino, y cuando nos abría las Escrituras?*» (Lucas 24:32). Los sermones temáticos no son malos ni están prohibidos, pero el predicador puede aspirar a más.

Es difícil predicar temas durante muchos años a una misma congregación. En poco tiempo la Biblia les parece a algunos predicadores una fuente agotada. Cuando al orador se le agotan los temas escarba en un campo trillado sin que aparezcan nuevos enfoques. Piensa que ya lo dijo todo. Algunos hasta piden que los trasladen a otra iglesia.

Entonces entra en juego el análisis textual. La exégesis y la predicación expositiva a partir del texto. Es la manera como la Biblia se convierte en una fuente inagotable para el predicador. Como parte de esa interpretación textual es útil el análisis de términos lingüísticos. Por eso debes buscar semejanzas y diferencias entre las distintas partes del texto.

Selección de términos

Analiza la lista de palabras y términos gramaticales que creaste desde las primeras lecturas del texto. Si no lo has hecho, aísla sustantivos, verbos, adjetivos, bendiciones, pecados, consecuencias, promesas y todo cuanto te llame la atención.

Debajo de estas palabras que encabezan las listas relaciona lo que encuentres que se relaciona con ellas. Crea columnas de términos semejantes; dos sustantivos, tres verbos, dos adjetivos, tres bendiciones, cuatro pecados, dos consecuencias, una promesa, etc. Incluye todo lo que encuentres que te llame la atención. Después pule la lista. Refínala.

En la naturaleza conviven miles de especies y formas distintas. Existe diferencia biológica, física, química y de muchas otras características. La variedad está en todas partes. Lo mismo ocurre en la Biblia. La diversidad es la nota tónica del universo. El arte consiste en la identificación de elementos semejantes y distintos. Toma lo que te interesa, sepáralo del resto, púlelo y colócalo en un lugar prominente donde los que lo vean perciban la diferencia. Esa es la base homilética del buen sermón.

Como en la naturaleza, las palabras contienen sinfín de posibilidades. Un texto literario contiene variedad sintáctica y gramatical y cada diferencia de expresión indica un sentido distinto. Antes de preparar un sermón necesitas clasificar el contenido textual.

Observa la manera como trabaja un mecánico de autos. Este clasifica en contenedores las diferentes piezas de un motor: tornillos, tuercas, arandelas, pasadores, poleas, pistones, aros y otras. Para él es fácil rendir un informe del contenido al jefe. La clasificación garantiza un orden lógico en las piezas.

Si él tuviera que hablar de los tornillos a alguien los organizaría por medidas: una pulgada, media, un cuarto, un octavo; o por tipos de rosca: fina, media y gruesa, etc. Piensa en un mecánico que lanza las piezas en una vasija grande y viene el jefe y le pide un informe. No puede dárselo.

Es lo mismo que ocurre cuando deseas interpretar un texto bíblico, debes clasificar el contenido; porque tú tampoco puedes rendir un buen informe bíblico si no clasificas y organizas el texto. A partir del bosquejo que hiciste del texto consigues la materia prima para tu sermón. Los distintos tipos de palabras que encuentras son las piezas de tú sermón. Organízalas lo mejor posible y rendirás un buen informe.

Toma tu computadora, abre el programa Word, o tu programa de texto favorito —si no usas computadora prepara papel y lápiz y, si todavía tu lista no es minuciosa, escribe en columnas las palabras y frases relevantes.

La primera clasificación identifica las frases importantes del bosquejo del texto. Después clasificas los términos de cada frase. La lista puede ser amplia, es probable que de más de una página. Selecciona lo que lees y clasifícalo con la palabra correspondiente. Este ejercicio homilético agudiza tu imaginación y te ayuda a distinguir entre una palabra y otra, y entre frase y frase.

Cuando aprendes a distinguir un elemento de otro lo ves a primera vista, porque lo haces por reflejo. Con la práctica condicionas tu mente al análisis textual.

Cuando te entrenas miras los textos de una manera distinta a como lo hacías antes. Cultivas una mentalidad exegética. No volverás a ser el mismo predicador de antes. Te lo aseguro.

Los sustantivos son los nombres de las personas o cosas. Debajo de la palabra sustantivos crea una columna con los nombres que encontraste en el texto: de personas, animales o cosas. Luego relaciona los verbos en otra columna, son las acciones de los sustantivos; y haz lo mismo con los adjetivos, reflejan características de los sustantivos. Encuentra cada especie o familia de palabras dentro del bosquejo. Hallarás de todo. Es divertido. No te canses, clasifícalos; esta es la base de la predicación expositiva.

No te preocupes, selecciona los términos que halles, no importa, ponlos donde los encuentres cuando los necesites. Es la materia prima conque crearás el sermón. Esta es una clasificación gramatical general del texto, después irás a los detalles particulares de cada grupo de palabras o frases.

Existen distintos géneros de clasificación. Los principales son gramatical y temático. El primero investiga el origen y significado de las palabras, el segundo la relación con el tema que trata el texto. Ambos aportan argumentos que pueden guiarte a objetivos diferentes en el sermón.

No exageres, pero identifica cada declaración y catalógala con una palabra. Esa palabra te será útil cuando prepares el bosquejo del sermón. Ahora te parece un trabajo sin sentido, pero verás como de esta clasificación dependen la calidad y cantidad de tu predicación futura.

Cuando termines la clasificación te darás cuenta de que hay términos solos. Que no abundan. En tanto, otras palabras o frases aparecen más repetidas en el texto. Un vistazo simple a la lista clasificada indica los temas enfocados por el autor del texto. Es maravilloso. Crea tu tema a partir de la búsqueda de diferencias y similitudes.

Definición del tema

Es posible que ya sientes deseo de correr a predicar lo que encontraste, pero no es el momento, apenas has iniciado el camino a la creación de mejores sermones. La clasificación anterior sugiere los temas encontrados en el texto, pero no son sermones.

Cada tema gira alrededor de determinados elementos elegidos: personajes implicados, verbos utilizados, adjetivos calificadores, bendiciones otorgadas, pecados cometidos, consecuencias sufridas, promesas recibidas y todos los que hayas relacionado durante el estudio del texto elegido.

Cada ítem puede ser un tema, pero también puede significar más de uno; lo que logres dependerá del modo como observas y profundizas en el estudio. Esta es una de las maneras de utilizar la Biblia como una fuente inagotable de conocimiento.

Imagina que encontraste una persona, un solo sustantivo; piensas: qué puedo hacer con un personaje. Puedes crear una serie biográfica. Lo que necesitas es profundizar en el comportamiento de esa persona en el tiempo. Determina las características distintivas del individuo: origen social, costumbres que formaron su carácter, defectos adquiridos, virtudes cultivadas, logros alcanzados, y todo lo que conozcas del sujeto. Cada aspecto de su carácter es un tema distinto en una serie sobre un personaje. Las categorías mencionadas, y las que encuentres, constituyen la semilla de sermones futuros. La organización temática conduce a las series de sermones.

Si en vez de uno, tienes tres personajes involucrados en el texto, crea una serie que implique comparaciones entre distintos actores; destaca en cada tema las diferentes características de ellos y las diferencias y similitudes de sus temperamentos; o crea tres series de temas, una por cada persona encontrada. Las posibilidades son ilimitadas, hasta la mula de Balaam, si la caracterizas, puede trasmitir un mensaje potente.

Este método posibilita la mejora sustancial de tu predicación. Los temas encontrados contienen: verbos utilizados en el texto, adjetivos que personalizan al sujeto, bendiciones prometidas o recibidas, pecados cometidos, consecuencias sufridas, promesas recibidas, etc. Cada clasificación anuncia un tema distinto para un sermón.

El secreto consiste en que distingas el contenido textual, incluso, lo que dice el texto entre líneas. Los mejores sermones no nacen de lo explícito, sino de lo implícito en el texto. Lo evidente no hace falta decirlo. Mi padre decía: *«La gracia del barbero está en dejar patilla donde no hay pelo»*. Leer entre líneas requiere agudeza mental.

Observa a Jonás 1:5 *«Y los marineros tuvieron miedo, y cada uno clamaba a su Dios; y echaron al mar los enseres que había en la nave, para descargarla de ellos. Pero Jonás había bajado al interior de la nave, y se había echado a dormir».* Este texto contiene un mensaje entre líneas, no lo dice la escritura, pero está ahí. Tal vez ese mensaje es más importante que lo que dice el texto con sus palabras y que la mayoría ha leído muchas veces.

Cada marinero *«clamaba a su dios»*. A qué dioses clamaban, a ídolos. Las imágenes no responden oraciones de nadie. Por otra parte, *«Jonás dormía»* ajeno a los acontecimientos. El único que tenía un Dios real dormía en vez de clamar a él por salvación personal y colectiva. Y lo peor, huía del único que podía salvarlos. Esto es leer entre líneas. Razona lo que sugiere la narración. Piensa en lo que leíste y escribe a partir de una interpretación correcta del texto. La mayor riqueza del texto está entre líneas. Si no fuera así qué podría decirnos una historia que ocurrió hace tanto tiempo. Pero la lectura entre líneas requiere que leas con sentido crítico y ejercites tu modo de pensar. Requiere profundidad de análisis y agudeza mental. Desarrolla una mente analítica. Cultiva una mentalidad exegética.

No hace falta un texto desconocido para que prediques un mensaje fresco. Existe vida en cada texto, versículo, frase o palabra que lees. Tu trabajo es descubrirla.

La peor estrategia de un predicador es elegir un texto raro para decir algo nuevo. Lo que más impacta al auditorio es cuando predicas de un versículo conocido y muestras la cara oculta de éste. Apenas enfocas el tema, el oyente, que creía que lo sabía todo al respecto, se percata de su desconocimiento y no pierde una palabra del sermón hasta que terminas.

El tema no es el título, no lo confundas; el tema enfoca lo general, el título lo particular —lo veremos más adelante. El tema es aquello de que hablará tu sermón, tal vez: amor, obediencia, fe, bondad, etc. Cuando encuentras el tema te ocupas del orden del sermón. Eliges una palabra clave que lo identifique con claridad.

La palabra clave

La **palabra clave** puede ser la que encabeza las listas que formaste durante el bosquejo del texto, es la que da sentido y dirección al tema. Lo delimita. Lo aísla del resto del material que encontraste. Lo identifica y coloca en un lugar destacado para que tu auditorio lo vea. Distingue esa parte del texto del montón de información encontrada.

La palabra clave expone lo que quieres que tus oyentes vean. Vuelve evidente lo que no se ve a simple vista. Indica de una vez hacia donde pretendes conducir al auditorio. Permite que tu sermón gire hacia un punto determinado: tú objetivo.

En anatomía se dice que tenemos cabeza, tronco y extremidades. De eso no caben dudas. Pero también tenemos cuello. Imagina cómo sería vivir sin poder girar la cabeza de un lado a otro. Hasta los robots miran en derredor. Si no tuviéramos cuello viviríamos una vida miserable. Eso es lo que les sucede a los sermones que nacen sin palabra clave. La rigidez vuelve infeliz a cuantos tratan con ellos.

Las mejores palabras clave terminan en «S». Observa un ejemplo: Tu tema es el amor. Hablas del amor, citas versículos bíblicos, relatas experiencias de amor verdadero, expresas conceptos personales sobre el amor, te emocionas, lloras si recuerdas lo que has sufrido por el amor y ríes al verte feliz después de la tormenta. Tus oyentes se emocionan contigo. Lloran y ríen por tu tragedia mezclada con bendiciones. Dirán que fue un sermón formidable. No lo dudo. Sucede.

Alguien preguntará después: «¿de qué habló el predicador?» «Del amor. No sé. Habló de tantas cosas emocionantes… Nos hizo llorar y reír como nunca…» —dirán.

¿Cuántos sermones así crees que predicarás sin agotar el tema del amor? En este punto es que entra en juego el valor de la palabra clave. Porque, no solo da sentido y dirección al tema; sino que, además, dosifica tu presentación. Observa cómo funciona.

Tu tema es el amor. Saludas a los oyentes. Das una corta introducción sobre el amor; y en cierto momento dices: Estudiemos algunos beneficios del amor. La palabra clave es «beneficios». Tus oyentes saben hacia donde los llevas. Esta palabra descarta cualquier argumento que no muestre a los oyentes los **beneficios** del amor. No es el único beneficio. La palabra amor enmarca un territorio casi infinito de posibilidades.

El amor no es una emoción. El amor es un principio que puede estar ausente o presente en todas partes y en cualquier circunstancia de la vida; incluso, ante la muerte. El amor es el principio del gobierno universal de Dios.

Con la misma palabra clave, «beneficios», hablas de: Los **beneficios** del amor de Dios, amor ágape; de los **beneficios** del amor entre hermanos, amor filiar; y de los **beneficios** del amor conyugal, amor eros. Gracias a la palabra clave ahí tienes tres sermones distintos de un mismo tema: el amor. Ni siquiera es todo. Las posibilidades son ilimitadas en cualquier campo temático.

Cada tema es como un árbol repleto de ramas en un bosque infinito. Si cambias la palabra clave cambias de rama, pero también puedes cambiar de árbol.

Qué sucede si cambias la palabra **beneficios** por **maleficios**. Todavía no has cambiado de árbol, aún puedes quedar en el tema del amor. Por ejemplo, puedes decir: analicemos algunos **maleficios** que trae a la familia la falta de amor. Sin embargo, con la palabra **maleficios** puedes girar en otro sentido y saltar hacia otro tema; cambio de árbol. Es sencillo.

Puedes decir: observemos algunos **maleficios** que el pecado acarrea a nuestras vidas. Dejaste el tema del amor, ahora el asunto es el pecado. Esta es una técnica que puedes usar en cualquier tipo de sermón.

Si tu sermón es temático, eliges una palabra clave y tomas la concordancia y seleccionas versículos que declaran distintos **maleficios** que el pecado acarrea sobre los seres humanos. Lo mismo puedes hacer si hablas de **bendiciones**, **atributos**, **costumbres**, **pecados** y cualquier otra palabra clave que elijas para tu sermón. Las posibilidades son infinitas.

En el sermón expositivo, el que enseña este libro, es distinto. La palabra clave no surge de una simple búsqueda en una concordancia bíblica; sino después del examen bíblico. El análisis textual te lleva hacia las profundidades inagotables del texto. Allí encuentras distintos temas, los seleccionas y los clasificas por palabras: verbos, sustantivos, adjetivos, pecados, bendiciones, maldiciones, promesas y todas las que encuentres. Lo hiciste con el análisis textual. Cuando el análisis concluye haces el inventario de lo que encontraste.

Como vimos, las palabras que encabezan las listas gobiernan a la familia de términos enlistados debajo de ellas. Son palabras plurales. Ocupan un lugar específico en la interpretación del texto. Funcionan como palabra clave.

Seleccionas las palabras claves que resultaron del estudio. Si encontraste tres pecados la palabra clave es **pecados**; si encontraste cuatro verbos importantes y deseas predicar sobre ellos, la palabra clave es **verbos**; igual con cada grupo relacionado durante el estudio. Un sermón debe tener, mínimo dos puntos; y máximo cuatro, algunos admiten hasta cinco y más.

Me gustan tres puntos. La experiencia demuestra que más de tres asuntos te obliga a ser superficial. Pocos auditorios permiten que prediques más de 35 o 40 minutos. Puedes usar el tiempo que quieras, pero no te felicitarán por eso. Tres puntos es suficiente. Tres personas gobiernan el universo. Pablo mencionó tres cielos, Jesús resucitó al tercer día, Cornelio envió tres hombres a ver a Simón Pedro. Podía enviar una legión, pero prefirió enviar a tres hombres. El tres está en toda la Biblia. Hoy en día la gente de negocios habla del poder del tres. No canses a la gente.

Si tienes mucho material dosifícalo y no lo des todo de una vez. Si en lugar de tres bendiciones encontraste seis, observa si puedes clasificarlas en áreas distintas. Podrías hablar de tres bendiciones para la familia. Con el resto crea otro tema, tres bendiciones para la iglesia, para la sociedad o para ti mismo.

La palabra clave ofrece posibilidades ilimitadas de enfoque del sermón. Dominar esta técnica es vital para predicar con poder y que la gente recuerde las enseñanzas con mayor facilidad. Esta «palabra clave» es uno de los elementos fundamentales de la preparación del sermón. Determina el rumbo exacto en que el predicador proyecta el discurso. Logra que los oyentes identifiquen las enseñanzas del orador. Sin ella el sermón es una perorata, a veces, sin sentido.

Has elegido la porción bíblica, la leíste muchas veces, identificaste personajes, vocablos y frases sobresalientes, bosquejaste el texto, analizaste cada detalle del contenido: histórico, gramatical, espiritual y otros. No has terminado. Todavía no tienes un sermón.

El texto elegido contiene uno o varios sermones, pero eso lo definen las palabras clave, que determinan de qué hablarás a tu congregación. Un profesor decía: «No les des más de tres frijoles, la gente no los digiere». La mayoría de las personas no asimilan más de dos o tres ideas a la vez, se atiborran. Analiza Juan 14:1-3 y observa la función de la palabra clave en el bosquejo.

«(1). *No se turbe vuestro corazón; creéis en Dios, creed también en mí.* (2). *En la casa de mi Padre muchas moradas hay; si así no fuera, yo os lo hubiera dicho; voy, pues, a preparar lugar para vosotros.* (3). *Y si me fuere y os preparare lugar, vendré otra vez, y os tomaré a mí mismo, para que donde yo estoy, vosotros también estéis».*

Este texto contiene algunas **declaraciones** de Jesús:

A. «*No se turbe vuestro corazón; creéis en Dios, creed también en mí*» (v. 1).

B. *«En la casa de mi padre muchas moradas hay; si así no fuera, yo os lo hubiera dicho; voy, pues, a preparar lugar para vosotros» (v. 2).*

C. *«Vendré otra vez, y os tomaré a mí mismo, para que donde yo estoy, vosotros también estéis» (v. 3).*

La palabra clave puede ser: «declaraciones». El término **declaraciones** *establece los puntos principales del tema. Antes que hagas el bosquejo de tu sermón debes saber de qué hablarás a los oyentes.*

Por la palabra clave sabes que vas a comunicarles algunas **declaraciones** de Jesús; pero de acuerdo con el contenido del texto, podrían ser: **promesas, bendiciones, pedidos** u otras palabras elegidas. La palabra clave indica el sentido de la predicación.

Cuando identificas la palabra clave del tema es posible que pienses que ya tienes el sermón; no lo creas, apenas comienzas a organizarlo. Solo has identificado la frase central del texto elegido. Cada sermón lleva una palabra clave. Esta define las divisiones principales del bosquejo de tu sermón. Después las pules y reestructuras. Examina las variantes interpretativas que surgen cuando cambias la palabra clave. Las variaciones conducen a las series temáticas.

La predicación en serie

La predicación en serie depende mucho de la elección de la **palabra clave** y su aplicación al sermón. Piensa en el bosquejo textual que hiciste de Juan 14:1-14. Tal vez creas que ahora sí puedes predicar sobre este texto; pero no, todavía falta mucho por hacer. Con el bosquejo del texto comienza la creación del sermón o sermones. Después analizarás lo que harás con ese bosquejo. Esta solo es la clasificación de la semilla.

Las palabras clave son la simiente de donde nacen los sermones. De las que elijas depende cuántos sermones crearás. Pudieras elegir una palabra clave y crear un sermón de Juan 14:1-14, pero apenas mencionarías los aspectos más sobresalientes del texto. Recuerda que hoy en día no cuentas con mucho tiempo para decirle a la gente lo que quieres expresar.

El bosquejo de Juan 14:1-14 contiene cuatro secciones importantes: *La promesa de Jesús* (Juan 14:1-3), *Jesús el camino* (Juan 14:4-6), *Relación de Jesús con su Padre* (Juan 14:7-11) y *Posibilidades de los seguidores de Jesús* (Juan 14:12-14). Puedes predicar un sermón de estos 14 versículos, la palabra clave podría ser: «aspectos» importantes para comprender la promesa del Señor. Ejemplo: En Juan 14:1-14 Jesús señaló cuatro **aspectos** distintivos de la esperanza del creyente. El volumen de información es mucho, apenas mencionarías las divisiones principales y dirías algo sobre las divisiones secundarias y un breve comentario sobre estas. Tal vez funcionaría como una introducción al tema.

Las cuatro divisiones mencionadas serían las principales. Voluminoso. Las demás secciones quedarían subordinadas unas a otras debajo de estas. El sermón sería extenso y fatigaría al predicador y a los oyentes. Crea una serie de sermones.

Se ha dicho que un predicador madura como tal cuando es capaz de predicar en serie. Deberías crear una serie sobre Juan 14:1-14. Estudia esta posibilidad y observa cómo cambia el sentido del mensaje que quieres expresar a la congregación. La predicación en serie produce mejores resultados que los sermones solitarios. Las series crean expectativa en los oyentes.

Las series conectan al público con el predicador mientras dura la serie. Posibilitan un nivel mayor de profundidad interpretativa y teológica. El auditorio aprende más. Una buena serie de temas crea el suspenso y tiende a comprometer a los oyentes con la asistencia.

Para crear una serie de temas es necesario reformar el bosquejo textual. Convierte cada división principal en un tema independiente y subordina a él las divisiones secundarias que estas tienen debajo y pásalas a divisiones principales. Observa el sentido del pasaje de ejemplo.

El primer sermón explica *La promesa de Jesús* (Juan 14:1-3), el segundo presenta el camino para alcanzar esa promesa: *Jesús el camino* (Juan 14:4-6), el tercero comunica la *Relación de Jesús con su Padre* (Juan 14:7-11) y el cuarto enumera las *Posibilidades de los seguidores de Jesús* (Juan 14:12-14).

Para que esta idea funcione elige una palabra clave para cada sección del bosquejo del texto y divídelo en sermones independientes dentro del tema de Juan 14:1-14. Recuerda que la palabra clave es la que da el sentido al tema que enfocas, facilita la presentación y clarifica el mensaje a los oyentes.

En este caso la palabra clave es **advertencias**; pero podría ser cualquier otra. Elige la más precisa o la que mejor convenga a tu propósito. Cada vez que cambies la palabra clave por otra debes adaptar el bosquejo al nuevo término, la palabra clave concuerda con las divisiones principales del sermón. Las anuncia para que los oyentes distingan el hilo del sermón.

El bosquejo del sermón en una serie

A simple vista el bosquejo de Juan 14:1-14 contiene mucho contenido para un sermón. Estudia cada versículo y elige palabras claves que conduzcan a distintos giros dentro del contenido. El ejemplo contiene palabras clave, pero no son las únicas que pueden funcionar, cada autor imprime el giro deseado sin perder el hilo del tema de Jesús citado por Juan.

La palabra clave es como el timón del sermón, que lo conduce a un punto específico: el enfoque. Que funciona como cuello entre la cabeza y el cuerpo del sermón.

Si encuentras esos términos precisos, palabras clave, crearás una serie sobre la encomienda de Jesús a los discípulos. Recuerda que en el sermón expositivo las divisiones nacen del texto.

Basados en esta premisa, el siguiente bosquejo sugiere una serie de cuatro sermones expositivos elaborados a partir de Juan 14:1-14. Debes elegir de qué modo quieres administrar el contenido del texto.

Analiza el bosquejo de Juan 14:1-14 de manera expositiva, que es el objetivo de este libro, y estudia los siguientes cuatro bosquejos.

Bosquejo del sermón uno

I. La promesa de Jesús contiene **realidades** que sus seguidores deben comprender (Juan 14:1-3).
   A. Realidad uno: Existen **peligros** que nos acechan (v. 1).
     a. Podemos turbarnos y perder el objetivo (v. 1a).

    b. Nuestra fe en Dios puede debilitarse (v. 1b).

    c. Menospreciar a Jesús es fatal (v. 1c).

  B. Realidad dos: Existen **razones** para confiar en su palabra (v. 2-3).

    a. El Padre tiene un lugar para los creyentes en él (v. 2).

    b. Jesús no miente (v. 2a).

    c. Él preparara un lugar para nosotros (v. 2b).

  C. Realidad tres: Jesús dejó **promesas** que debemos recordar (v. 3).

    a. Volverá a buscarnos (v. 3a).

    b. Nos llevará con él (v. 3b).

    c. Viviremos con él (v. 3c).

Nota como el nivel principal «A», de los niveles A, B, C, etc., de los temas del texto en cuestión, pasó a ser la frase «I» del primer sermón de la serie, y los niveles secundarios con letras minúsculas se convirtieron en niveles primarios «A, B, C»; los subniveles pasaron a niveles secundarios (a, b, c).

Con el cambio profundizaste en el tema. Este es un bosquejo de Juan 14:1-3; no es el único que puedes crear. Es una posibilidad. Depende de tu enfoque y de la palabra clave que elijas. Más adelante verás otro ejemplo. Recuerda que el anterior es el bosquejo de un sermón, no un sermón.

Es un esqueleto que debes vestir con carne y piel para darle un cuerpo y convertirlo en un ser vivo. Los predicadores que no meditan en lo que leen corren el riesgo de mostrar fantasmas a sus congregaciones: calaveras o masa amorfa. Esqueletos sin carne ni piel o montones de carne deshuesada. Hueso sin carne o carne sin hueso. Ambos son cadáveres condenados al olvido. Provocan miedo a la gente.

El sermón es un ser vivo que debe convivir con quienes lo escuchan. Los oyentes deben recordarlo con satisfacción.

Bosquejo del sermón dos

II. Jesús mostró **revelaciones** importantes que muestran el

camino verdadero al Padre (Juan 14:4-6).
A. Reveló la relación entre él y su Padre (v. 4).
  a. Conocemos la morada de Jesús (v. 4a).
  b. Conocemos el camino hacia ese hogar (v. 4b).
B. Reveló la incomprensión de su procedencia y destino (v. 5).
  a. Tomás no comprendía el origen divino de Jesús (v. 5a).
  b. La ignorancia pone en peligro la salvación (v. 5b).
C. Reveló que él es la salvación (v. 6).
  a. El camino es una persona (v. 6a).
  b. La verdad es una persona (v. 6b).
  c. La vida está en una persona (v. 6c).
  d. Sin Jesús no hay reconciliación con el Padre (v. 6d).

Primero Jesús les mostró **realidades** humanas y divinas que debemos comprender para no arriesgar nuestra salvación. Después les reveló verdades oportunas, les hizo **revelaciones** de su verdadera identidad. Esclareció su procedencia divina porque quería que confiaran en él sin cuestionamientos.

Una serie de temas debe conducir de un argumento a otro sin violencia. Va de lo simple a lo profundo. Contiene progresión temática y sentido direccional. Conduce a un objetivo específico.

Bosquejo del sermón tres

III. Jesús refirió **evidencias** de su intimidad con el Padre (Juan 14:7-11).
A. Evidencia uno: Señaló a sus discípulos la ignorancia de su semejanza con el Padre (v. 7-9).
  a. Incomprensión humana (v. 7).
  b. No conocían a Jesús (v. 7a).
  c. No conocían al Padre (v. 7b).
  d. Ignoraban la semejanza del Hijo con el Padre (v. 7c).
B. La incomprensión de Felipe fue inadmisible (v. 8).
  a. Dijo: Señor, y no lo entendía (v. 8a).
  b. Pidió: Muestra al Padre (v. 8b).

c. Es suficiente (v. 8c).
C. Preguntas didácticas de Jesús (v. 9).
   a. ¿Todavía no me conoces? (v. 9a).
   b. ¿Por qué pides ver al padre? (v. 9b).
   c. Evidencia dos: Aseguró que sus obras son suficientes para creer en él (v. 10, 11).
   d. La incredulidad impide nuestra relación con Jesús (v. 10).
   e. El problema es la duda (v. 10a).
   f. Analiza si las palabras de Jesús son humanas o divinas (v. 10b).
   g. Jesús no actúa independiente del Padre (v. 10b).
   h. El Padre actúa con Jesús (v. 10c).
   i. Las obras de Jesús pertenecen a ambos (v. 10d).
   j. Invitación de Jesús (v. 11).
   k. Creer en Jesús es posible (v. 11a).
   l. Sus obras demuestran su procedencia (v. 11b).

Examina la línea ascendente del tema de Jesús: **realidades humanas y divinas** *que debemos comprender,* **revelaciones** *de su verdadera identidad y* **evidencias** *de su relación con el Padre. Aceptar estas declaraciones de Jesús brinda* **posibilidades** *infinitas a sus seguidores.*

Bosquejo del sermón cuatro
IV. **Posibilidades** de los seguidores de Jesús (Juan 14:12-14).
  A. Posibilidad uno: El que cree en Jesús obtiene su poder (v. 12).
    a. Repetirá sus obras por fe (v. 12a).
    b. Superará a Jesús en obras (v. 12b).
    c. Desde el cielo Jesús respaldará la fe de los creyentes en él (v. 12c).
  B. Posibilidad dos: Quienes piden en su nombre recibirán la respuesta del Padre (v. 13).
    a. Confía en el Padre (v. 13a).
    a. Acepta la obra del Hijo (v. 13b).
    b. Jesús responderá a quienes acepten la unanimidad

divina (v. 13c).
  c. El objetivo es la glorificación del Padre (v. 13d).
 C. Posibilidad tres: Encontrarán respuesta en Jesús (v. 14).
  a. Pide en nombre de Jesús (v. 14a).
  b. Jesús responderá tu pedido (v. 14b).

Analiza las posibles variantes del primer sermón que bosquejaste. Hablarás de las **advertencias** *que Jesús hizo a sus discípulos en Juan 14:1-3).*

Nota: Para mayor comprensión del ejemplo en los bosquejos anteriores incluí la frase clave al inicio de las divisiones principales. Ahora incluyo la palabra **advertencias** al inicio de las divisiones de primer nivel, pero no es necesario. Es una costumbre que crea estereotipos perjudiciales. Redundancia innecesaria. Las incluyo como recurso didáctico para que entiendas como funciona. En la práctica no se usa.

Analiza otras posibilidades
 I. **Sermón uno:** *La promesa de Jesús* (Juan 14:1-3).
 A. Primera advertencia: Existen peligros que amenazan al creyente (v. 1).
  a. Podemos turbarnos y perder el reino (v. 1a).
  b. La fe en Dios puede flaquear (v. 1b).
  c. Desconfiar de él significa morir (v. 1c).
 B. Segunda advertencia: Cada creyente fiel tendrá una casa celestial (v. 2).
  a. El Padre tiene muchas moradas en su reino (v. 2a).
  b. Jesús no miente (v. 2b).
  c. Cada uno tendrá la casa de sus sueños (v. 2c).
 C. Tercera advertencia: Ninguno de sus seguidores será abandonado (v. 3).
  a. Volverá a buscarnos (v. 3a).
  b. Nos llevará con él (v. 3b).
  c. Viviremos con él (v. 3c).
Si cambias la palabra **advertencias** por **promesas**, u otros términos, inclinas el sermón en otra dirección. Cambia «advertencias» por **afirmaciones** y observa el resultado.

> Hablarás de las **afirmaciones** que Jesús hizo a sus discípulos en Juan 14:1-3).
>
> A. Jesús afirmó que podemos turbarnos (v. 1).
>   a. Si nos turbamos perdemos el reino (v. 1a).
>   b. La fe en Dios puede flaquear (v. 1b).
>   c. La fe en Jesús es imprescindible (v. 1c).
> B. Jesús afirmó que cada seguidor tendrá una casa en el cielo (v. 2).
>   a. El Padre tiene muchas moradas (v. 2a).
>   b. Jesús no miente (v. 2b).
>   c. Cada uno tendrá la casa de sus sueños (v. 2c).
> C. Jesús afirmó que no abandonará a sus seguidores (v. 3).
>   a. Volverá a buscarnos (v. 3a).
>   b. Nos llevará con él (v. 3b).
>   c. Viviremos con él (v. 3c).

Cambia «afirmaciones» por **promesas** y observa el rumbo de las divisiones principales del sermón.

> Hablarás de las **promesas** que Jesús hizo a sus discípulos en Juan 14:1-3).
>
> A. Si se mantienen firmes serán premiados (v. 1).
>   a. No se turben (v. 1a).
>   b. Crean en Dios (v. 1b).
>   c. Confíen en Mí (v. 1c).
> B. Les daré una casa nueva a cada uno (v. 2-3).
>   a. El Padre tiene muchas moradas (v. 2).
>   b. Jesús no miente (v. 2a).
>   c. Prepara un lugar para cada uno (v. 2b).
>   d. Regresaré a buscarlos (v. 3).
>   e. Volverá a buscarnos (v. 3a).
>   f. Nos llevará con él (v. 3b).
>   g. Viviremos con él (v. 3c).

Las posibilidades son infinitas. Mientras más estudias el bosquejo, más detalles encuentras. Cada vez que cambias la palabra clave giras tu mensaje en un sentido distinto. A veces mínimo, pero conduce a los oyentes a otro punto.

La predicación es un vuelo que transporta al auditorio hasta el aeropuerto que el orador desea llevarlos; la palabra clave es el timón de la nave que traslada a los viajeros a dónde quieres conducirlos. Cuando dominas esta técnica el resto es fácil. Puedes hacer lo mismo con los otros tres bosquejos de la serie. Analiza la siguiente variante acerca de los demás sermones del bosquejo.

II. **Sermón dos:** *Jesús el camino.* Hablarás de las **revelaciones** que Jesús hizo a sus discípulos en Juan 14:4-6.
  A. Tengan seguridad en mí (v. 4).
    a. Conozcan mi morada (v. 4a).
    b. Aprendan el camino hacia mi hogar (v. 4b).
  B. Algunos no me comprenden (v. 5).
    a. Tomás no conoce mi procedencia (v. 5a).
    b. La ignorancia pone en peligro el viaje (v. 5b).
  C. Yo soy la salvación (v. 6).
    a. El camino es una persona (v. 6a).
    b. La verdad es una persona (v. 6b).
    c. La vida está en una persona (v. 6c).
    d. Sin mino hay reconciliación con Dios (v. 6d).

Revelaciones *es solo una posibilidad entre muchas, puedes buscar otras «palabras claves» e imprimir pequeños giros en al sentido del sermón. Cada palabra clave requiere que adaptes a ella la interpretación de los textos de las divisiones del bosquejo, debes pulirlas hasta que cada frase armonice a la perfección sin deformar el significado del texto. La armonía crea sonidos agradables al oído.*

En el sermón tres hablarás de las **aclaraciones** que Jesús hizo a sus discípulos en Juan 14:7-9. El bosquejo anterior está en primera persona, como si Jesús mismo hablara al auditorio; el siguiente está en tercera persona del singular, pero también pudiera escribirse en primera persona, depende de ti. Son giros que matizan la predicación.

III. Analiza el **sermón tres:** *Relación de Jesús con su Padre* (Juan 14:7-11).
  A. Las dudas acerca de Jesús son infundadas (v. 7-9).
    a. Incomprensión humana (v. 7).

- No conocían a Jesús (v. 7a).
- No conocían al Padre (v. 7b).
- No percibían la semejanza divina (v. 7c).
  b. Contradicción de Felipe (v. 8).
    - Llamó a Jesús Señor, que es Dios, y no se dio cuenta (v. 8a).
    - No percibió relación entre Jesús y el Padre (v. 8b).
    - No le bastó con Jesús (v. 8c).
  c. Preguntas de Jesús (v. 9).
    - ¿Todavía no me conoces? (v. 9a).
    - ¿Por qué pides ver al Padre? (v. 9b).
  B. Las obras de Jesús vienen del Padre (v. 10, 11).
    a. La incredulidad impide una relación correcta con Jesús (v. 10).
      - La duda mata la fe (v. 10a).
      - Las palabras de Jesús no son humanas (v. 10b).
      - Jesús no actúa independiente del Padre (v. 10c).
      - El Padre actúa en Jesús (v. 10d).
      - Las obras de Jesús pertenecen a ambos (v. 10e).
    b. Dos maneras de creer en Jesús (v. 11).
      - Confiar en las palabras de Jesús (v. 11a).
      - Creer en las obras de Jesús (v. 11b).

Observa como las divisiones del bosquejo sufren alguna adaptación al enfoque. La adaptación respeta el texto, pero incluye palabras claves que identifican una interpretación precisa del sentido que el predicador resalta en el sermón.

No transcribas el bosquejo del texto, interpreta las enseñanzas implícitas en él y crea tu propio bosquejo. No te alejes de lo explícito, pero lee entre líneas. Un profesor decía: «No lo adaptes a martillazos», el ajuste debe ser suave. Lo forzado desentona.

El bosquejo que hiciste del texto es la base de los distintos bosquejos de la serie que pretendes crear. La organización textual es íntegra al texto bíblico; pero la creatividad está en tu habilidad para imprimir pequeños giros a los bosquejos individuales que creas a partir de las pequeñas porciones temáticas extraídas del bosquejo textual que creaste durante el estudio.

Cada bosquejo del sermón ocupa una fracción del bosquejo base, pero organizada y pulida al mayor nivel posible. En esto radica el arte de poner los fundamentos correctos de una predicación bíblica poderosa.

IV. Sermón cuatro: *Posibilidades de los seguidores de Jesús.* Hablarás de las **promesas** que Jesús hizo en Juan 14:12-14 a quienes reconocen su divinidad.

   A. El que cree en Jesús obtiene su poder (v. 12).
      a. Repetirá sus obras por fe (v. 12a).
      b. Superará a Jesús en obras (v. 12b).
      c. Desde el cielo Jesús respaldará la fe del creyente en él (v. 12c).
   B. Si pides en nombre de Jesús obtendrás respuesta (v. 13).
      a. Pide al Padre (v. 13a).
      b. Pide en nombre de Jesús (v. 13b).
      c. Jesús responderá (v. 13c).
      d. El poder de Jesús en sus seguidores glorifica al Padre (v. 13d).
   C. Jesús garantizó la respuesta a tus peticiones (v. 14).
      a. Pide en nombre de Jesús (v. 14a).
      b. Jesús responderá tu pedido (v. 14b).

Tal vez piensas que estos bosquejos están listos para predicar. No es verdad, no son más que un esbozo de lo que será tu sermón, son óvulos. Son embriones.

Presentar esto a la gente es como tomar un feto y decirles: les presento a mi hijo. Todavía deben madurar y alimentarse para que puedan existir.

Un conjunto de ideas ingeniosas no constituye un sermón. Cada criatura debe desarrollar hasta que brille con luz propia. El bosquejo del sermón traza la ruta que el predicador transitará ante el auditorio. Es la estructura que sostiene el cuerpo del sermón.

Organización expositiva

Esta es la parte que más le interesa a algunos predicadores.

El expositor novato prefiere crear su sermón en un «santiamén» —como dice el dicho. En un instante. Vivimos en la época de las cosas exprés: servicios exprés, cocina al minuto, bebidas instantáneas y un enorme etc. La velocidad cambió el modo de medir las distancias entre un punto y otro; de meses, semanas y días de recorrido, lo redujo a horas, minutos y segundos. Cuando viajas el GPS convierte las millas o kilómetros a horas, minutos y segundos. Así que, la velocidad afecta nuestro comportamiento.

La rapidez de nuestro tiempo diluye la vida en una época efímera. La fugacidad de la vida y la urgencia con que la vivimos, imponen un ambiente propicio para la chapucería, el descuido y la vacuidad. Un escritor cristiano dijo: «Nada realmente grande se ha logrado sin sacrificio».

Lo más fácil para el predicador es pararse detrás del púlpito, abrir la Biblia, leer un texto, cerrar la palabra de Dios, ponerla sobre el púlpito y hablar sin parar de lo que le viene a la boca. Una predicación sin orden. El Espíritu puede usarlo. Es indiscutible.

Pero si te preparas el Espíritu te usará mejor. Se dice que un buen predicador presenta a la audiencia el diez por ciento de lo que conoce del tema de su predicación.

El predicador no habla de imaginaciones. No revolotea como un ave asustada sobre un punto cualquiera. En la exposición del sermón existe un orden lógico y sentido común. Dicen: «El sentido común es el menos común de los sentidos».

El sermón es como un ser vivo que nace, crece y se desarrolla. Tiene partes vitales como cualquier cuerpo viviente. Antes de crear tu primer bosquejo debes comprender las secciones de un sermón. El bosquejo del sermón delimita las partes fundamentales de ese nuevo ser que traerás a la existencia.

Divisiones del sermón

Como sabes, la palabra clave determina las divisiones principales de tu sermón. Cuando seleccionaste la palabra clave de cada grupo de palabras escogidas, **hechos, acontecimientos**, etc., supiste cuántos sermones contiene tu texto. Rara vez sale un sermón del análisis textual, casi siempre son partos múltiples. Abres la página, electrónica o física, y armas las divisiones de tu sermón.

Uno de los beneficios de esta época es que puedes ahorrar

mucho tiempo. Más adelante hablaremos de la tecnología. Tengo una plantilla electrónica para mis sermones. Te la muestro en esta sección.

Detectaste tres declaraciones de Jesús. Entonces extraes la idea principal de cada declaración y escribes tres frases cortas. Son las tres divisiones principales de tu sermón.

> ➤ Vuelve a Juan 14:1-3.
>   A. «No se turbe vuestro corazón» (v. 1).
>   B. «En la casa de mi padre muchas moradas hay» (v. 2).
>   C. «Vendré otra vez» (v. 3).

Ahí tienes las tres **declaraciones** *de Jesús en Juan 14:1-3. A nadie le caben dudas de que él dijo eso; pero esas declaraciones tienen frases complementarias. Esas otras frases son las divisiones secundarias de tu sermón.*

> ➤ Escribe estas debajo de cada división principal. Ejemplo:
>   A. «No se turbe vuestro corazón; creéis en Dios, creed también en mí» (v. 1).
>   a. Es bueno que tengan fe en Dios (v. 1a).
>   b. Confíen también en mí (v 1b).
>   B. «En la casa de mi padre muchas moradas hay» (v. 2).
>   a. Esto es verdad (V. 2a).
>   b. No digo mentiras (v. 2b).
>   c. Voy a prepararles un lugar (v. 2c).
>   C. «Vendré otra vez, y os tomaré a mí mismo, para que donde yo estoy, vosotros también estéis» (v. 3).
>   a. Los llevaré conmigo (v. 3a).
>   b. Viviremos juntos (v. 3b).

Puedes escribirlas en el tiempo gramatical y persona que más te guste hablar a los oyentes. Pasado presente o futuro; primera, segunda o tercera persona; singular o plural; cada cual matiza como le parece oportuno. Lo importante es el mensaje del texto al predicador y cómo este lo trasmite a los oyentes.

Juan 14:1-3 es el pasaje favorito de millones de cristianos. Desde que Jesús prometió dichas bendiciones, esta promesa ha servido de inspiración a miles de predicadores. Conozco cristianos desanimados que creen en Dios, pero les falta fe. Jesús les pide: crean en mí, a mí me han visto. No les fallaré. Se lo puedes decir a todos o a uno en particular. Dilo, no te calles esta buena noticia.

Muchas personas que repiten de memoria estos versículos no entienden la perspectiva de dicha promesa. Jesús prometió a sus seguidores que les cumpliría el sueño de tener una casa. Mucha gente muere en esta tierra sin tener una vivienda propia. Nunca pudieron tenerla. Gastaron su dinero en vivir en una casa ajena. Piensa en la emoción de ser el dueño de una morada nueva. De una casa especial. Junto a Dios.

Prometió: los llevaré conmigo y estarán a mi lado. Compartiré mi propiedad con ustedes. Nunca los abandonaré. Volverán a estar donde nunca deberían haber salido. Los reintegraré a la eternidad.

Necesitas reunir datos específicos, organiza de tal modo que los comprendas cuando estés frente al auditorio. El orden es necesario para que haya claridad en las ideas.

Se cuenta que cierto predicador novato aprendió su sermón de memoria. Lo repasó hasta el cansancio. El día indicado se dirigió al templo, subió al estrado, se paró detrás del púlpito y saludó al auditorio con una sonrisa en los labios. Los hermanos dijeron: «*Amén…*».

Una nube pavorosa lo envolvió de repente. Su rostro palideció de miedo; con la cara de un cadáver, dijo: «Juan dice…, Juan dice…, Juan dice…, Juan dice…, Jua…». Hasta que: «Qué dice Juan» —interrumpió un oyente burlón. «Una cosa es Juan arriba y otra Juan abajo» —dijo.

Si organizas el sermón evitarás olvidos indeseables. Los miedos se alejarán de ti, porque tus convicciones aumentarán tu seguridad de que el Espíritu Santo te acompaña. Analiza la siguiente plantilla para crear sermones expositivos. Puedes crear una igual o parecida, con espacios en blanco para rellenar cuando preparas tu sermón. Tener un patrón guía es importante para mantener un orden común en tu organización homilética. Es la manera como tus sermones pueden estar organizados del mismo modo.

TÍTULO DEL SERMÓN

Serie: (Título de la serie, si es una serie).

Título anterior: (A partir del segundo sermón si es una serie).

Tema: (El que elijas, el que trata el sermón).

Texto: (El texto base del sermón).

LB: (Lectura bíblica: el mejor versículo o porción del texto).

Himnos: (Los que usarás en la presentación).

Los anteriores son datos que debes tener a mano. Lo primero es el título de la serie, y debajo, alineados a la izquierda, los datos descriptivos de la serie (si es una serie) y del tema a tratar.

Es probable que algunos de los detalles mencionados en tu sermón, te los pidan quienes organizan el culto o algún interesado en tu tema. Conservar a mano los detalles esenciales de tu tema sugiere orden. La organización se refleja en lo que haces. Al encabezamiento anterior le sigue la introducción del sermón.

I. **Introducción.**
   A. Saludos.
   B. Breve explicación del tema que tratarás.
   C. Oración transicional con la **palabra clave**.

La introducción es la cabeza del sermón, crea un punto que la diferencie de las demás partes, debe notarse a simple vista.

Usa números y letras específicos para cada sección del bosquejo. No los alternes. Elige un formato para cada sección y conviértelo en un estilo permanente.

Si utilizas números romanos para distinguir las partes de nivel uno, úsalos siempre en cada bosquejo. Si usas letras mayúsculas en las secciones principales, no las cambies en otro sermón por números romanos. Acabarás confundido. La uniformidad es parte del orden. Establece un sistema propio. Un buen predicador es un creador de sistemas. Es coherente.

La introducción tiene tres partes principales: saludo al auditorio, presentación sintética del tema y oración transicional. La oración transicional gira alrededor de la **palabra clave**. Es el cuello del sermón. Está entre la cabeza y el cuerpo del bosquejo del sermón, el cual sigue a la introducción. Observa el ejemplo del cuerpo:

II. **Título del sermón**
  A. **Primera** división de primer nivel.
    a. **Primera** división secundaria.
    b. **Segunda** división secundaria.
  B. **Segunda** división de primer nivel.
    a. **Primera** división secundaria.
    b. **Segunda** división secundaria.
  C. **Tercera** división de primer nivel.
    a. **Primera** división secundaria.
    b. **Segunda** división secundaria.

El dos romano es el título del sermón. Debajo de él organizas las divisiones primarias y secundarias y otras, si las hay. Ahí colocas las anotaciones e información adicional que temes olvidar.

No lo recargues, si lo abarrotas de anotaciones deja de ser un bosquejo.

Al cuerpo le sigue la conclusión, que tiene varias partes importantes.

III. **Conclusión**
  A. Recapitulación
    a. Punto uno. (Tratado).

b. Punto dos. (Tratado).
c. Punto tres. (Tratado).
B. Llamado
a. Persuasión.
b. Compromiso.
C. Oración final o bendición.

➤ **Próximo título:** (Si es una serie).

➤ **Predicado en:** (debajo anotas los lugares).

La conclusión, como la introducción, tiene tres partes principales: recapitulación, llamado y oración final o bendición. Bendecir a la congregación es un método que, a veces, sustituye la oración final. Algunos predicadores consideran más apropiado al final del sermón bendecir a la congregación, que orar por ellos. Suponen que antes se ha orado suficiente.

Además, a veces sucede que hiciste un llamado y oraste por los oyentes. Después no deseas parecer rutinario, entonces repites o lees una bendición y te despides del auditorio. La Biblia tiene muchas bendiciones. Como ejemplo, algunas son: 1 Corintios 16:23-24; 2 Corintios 13:14; Gálatas 6:18 y Efesios 6:23-24.

Busca en la Biblia y conserva una lista de bendiciones bíblicas. Innova. Se original.

Debajo anuncias el próximo tema (Si es una serie) y después dejas una sección para anotaciones; por si predicas el sermón en más de un lugar. A veces anoto hasta los nombres y fecha en que personas de otros lugares estuvieron presentes cuando prediqué el tema. No es bueno repetir. Huele a descuido.

Analiza la plantilla anterior y crea una que te sirva para elaborar tus sermones. El trabajo principal está hecho. Lo repites cada vez que quieras. Ahí está lo que necesitas al crear un sermón. Tu trabajo es rellenarla con los nuevos datos y ya está.

Analiza la plantilla y determina en qué parte estás de la creación del sermón. Elegiste el tema, seleccionaste el texto bíblico, tal vez escogiste el versículo o los versículos para la lectura bíblica;

los himnos los buscas al final. Escogiste la palabra clave y creaste las divisiones principales del sermón. ¡Casi tienes tu sermón!

Las divisiones secundarias clarifican el tema de las divisiones principales. Se incluyen cuando encuentras dos puntos o más en el texto.

No trates de inventar divisiones si no las hay. Puede haber muchas, pero si existieran varias mejor sería crear otro tema.

Tenía un sermón que cuando lo predicaba me quedaba a medias, nunca me alcanzaba el tiempo. Lo analicé con mayor profundidad y lo convertí en una serie de ocho sermones. Ahora hablo de ese tema durante una semana.

No tienes que llenar la plantilla completa. Si tienes menos material quita los puntos que sobran en el formulario. Si tienes mucho argumento agrega otros incisos. Más de dos niveles puede ser complicado. Muchas ideas juntas vuelven tu sermón complejo. Las presentaciones cargadas de información cansan a los oyentes.

Hasta aquí has logrado un buen paso. Tienes el tema, el texto, la lectura bíblica, la palabra clave y las divisiones principales y secundarias del sermón. Puedes pensar en el título del bosquejo.

Cuando un niño está por nacer los futuros padres piensan en nombres, aunque el nombre definitivo se lo ponen cuando la criatura nace. El nacimiento de un nuevo ser exige un nombre. Del mismo modo, si piensas en un título eso te ayuda a moverte en una dirección específica.

Elección del título

Cuando eliges el tema puedes redactar algunos títulos. Muchos predicadores prefieren titular al final, después que terminan el sermón; porque a veces el rumbo varía durante la composición del bosquejo.

Aun así, prefiero poner un título que me sirva de guía, después lo arreglo, lo adapto, lo cambio o lo pulo.

No me gusta actuar como esos padres que van a tener un hijo y no saben qué nombre ponerle cuando nazca. Nace la niña o el niño y viene el funcionario legal a inscribirlo y nadie sabe cómo nombrarle. A veces la inocente criatura sale perjudicada con un nombre impronunciable.

Titular es un arte. No es sencillo crear títulos atractivos. Es una habilidad que se estudia aparte. Pero no te preocupes demasiado por la perfección, ponle un título a tu sermón. Lo más probable es que después lo mejores, lo pulas o lo cambies. Lo importante es que mantengas el rumbo trazado cuando elegiste el tema. No trabajes al azar.

Hace años visité a un carpintero en su taller de carpintería. Él construía camas matrimoniales. Los muebles que había construido tenían desajustes en los empalmes, les faltaba escuadra en los ángulos, la madera estaba áspera y las gavetas bailaban en las correderas. No trabajaba bien. Le pregunté: «¿Qué precio tienen estas camas?» «Depende de cómo queden» —dijo.

No vendió muchas. Tuvo que dedicarse a otro trabajo. Los buenos arquitectos incluyen en los planos hasta el color de la pintura final del edificio, los adornos que pondrán en el inmueble y hasta las plantas ornamentales del jardín.

Edifica bien desde el inicio. Coloca bases sólidas a tu sermón. La improvisación conduce al descuido. No te engañes. La mayoría de los improvisadores no son tales; tienen la habilidad de organizar con rapidez los conocimientos que han adquirido a lo largo del tiempo. Nadie puede dar lo que no tiene. Con la práctica tú también desarrollarás muchas destrezas.

Analizaste el texto, elegiste palabras, frases específicas, personajes buenos o malos, etc. Identificaste el tema y creaste un título, o varios. Apenas has comenzado el trabajo, todavía falta lo principal: confeccionar y pulir el producto. Documenta el bosquejo del sermón.

Hiciste buenos arreglos y organizaste bien el material, pero no es suficiente. Debes aplicar al texto una exégesis textual correcta. La exégesis confirmará tus puntos de vista homiléticos.

Paso 2

ANÁLISIS TEXTUAL

El segundo paso es el análisis textual. La exégesis. Este es el tipo de búsqueda que usan los predicadores profesionales de la Palabra. Una exégesis bíblica correcta tiene una serie de pasos específicos que debes aprender.

La exégesis contribuye a responder algunas preguntas claves de la investigación: qué, quién, a quiénes, cómo, cuándo, dónde, por qué y para qué.

Algunos predicadores analizan el texto antes de crear el bosquejo, pero eso no es buena idea. Los principiantes se rodean de comentarios bíblicos, concordancias de la Biblia, diccionarios bíblicos y toda clase de herramientas que contiene información textual. Pasan horas perdidos en una selva de información; es tanta que la Musa se enreda y no llega. No es la mejor técnica.

Con ese método cuando logras una idea no es más que la repetición de lo que otros dijeron. La originalidad desaparece; por lo que nunca serás padre. Por eso realizaste el trabajo del primer paso sin mirar otro libro que la Biblia. Necesitas cultivar ideas propias.

Con el paso número dos estudias el bosquejo desde la perspectiva del análisis textual. Es la comprobación de lo que hiciste en el paso uno. No analices solo el texto que elegiste para tu sermón. Somete a una exégesis textual integral o parcial el texto elegido, el capítulo completo y si es necesario el libro. Necesitas comprender los detalles del texto que elegiste.

Imagina a un viajero que encuentra una moneda en el camino, la mira y dice: «primero debo revisar los alrededores para comprobar que debo tomarla». No obra así, primero la toma y después investiga lo necesario, si hay que devolverla la devuelve; y si no, se queda con ella.

El paso dos es la revisión del vecindario del texto que elegiste. Es el que te permite conocer los detalles acerca del texto. Invertir los pasos puede conducirte a la pérdida del objetivo.

Cuentan que un cazador compró un cachorro de una especie de perro famosa por su talento para cazar. Lo compró porque deseaba ser más eficiente en las cacerías que participaba. Para lograr el objetivo le dio al animal una atención especial.

Lo alimentó con esmero y lo entrenó al máximo durante meses. En poco tiempo el cachorro creció y se convirtió en un bello animal de caza. Caminaba como un campeón. La musculatura del can presagiaba ganancias. Los amigos del dueño del perro lo felicitaban por la adquisición.

Cuando el cazador creyó que el animal estaba listo para producir ganancias, lo llevó al monte a cazar. Apenas llegaron al área de caza, el perro vio un venado y corrió detrás de él. «Hoy comeré venado, yo sabía que este perro era bueno» —pensó.

Parecía que el perro alcanzaba al venado; pero una liebre cruzó en el camino y el can dejó el venado y corrió tras la liebre. «No comeré venado pero la liebre no es mala opción» —pensó: pero un conejo cruzó delante del perro y este lo siguió. «Bueno, en definitiva, el conejo también puede convertirse en un plato tan bueno como la liebre» —pensó.

El animal, sofocado, con la lengua colgando fuera de la boca y ladrando como nunca lo había hecho, rozaba la cola del conejo con los dientes afilados; pero un pequeño ratón se interpuso entre ambos. El can terminó la cacería escarbando un hueco debajo de un tronco seco del bosque.

Algo parecido ocurre con frecuencia a quienes invierten los pasos uno y dos. Algunos se marean en el bosque y no ven los detalles. «No cambies liebre por gato» —como sugiere el refrán.

Cíñete al texto elegido y documenta su contenido.

La exégesis textual no es investigación pura, pero te enseña lo suficiente para que aprendas lo que necesitas saber acerca de los pasajes que elijes para tu sermón.

No prediques de lo que no sabes. Tu poder como predicador se multiplica cuando crece tu convicción de lo que dices. La duda engendra miedo. El desconocimiento atrae el ridículo.

El poder del predicador surge cuando el ser humano se une al poder divino y esa relación alcanza un nivel supremo de colaboración. Conviértete en un maestro de la Palabra y muchos querrán oírte. Entonces predicas con poder; porque está a tu alcance una fuerza de procedencia divina.

Realiza la exégesis con rigor investigativo: vuelve a leer con cuidado el texto las veces que sea necesario, anota los detalles sugeridos por el análisis, organiza los apuntes y redacta el documento final. Sé preciso.

Existe más de un tipo de exégesis bíblica, pero aquí proponemos el orden sugerido por la profesora Vyhmeister, (Vyhmeister, 2009). Una buena exégesis toma en cuenta, al menos siete puntos.

Hazte las siguientes preguntas y respóndelas con tu exégesis. Cuál es el contexto canónico. Qué dice el texto original. Qué mensaje contiene el texto. Qué significado tiene ese mensaje. Dónde y en qué lugar vivieron el autor y el destinatario, cuál fue su ambiente histórico, geográfico, político y cultural. Cómo entendieron ellos el mensaje del texto; y qué nos dice el texto ahora.

Análisis del contexto canónico

Predicar con poder exige que conozcas de qué hablas. Inicia tu estudio con el contexto canónico. Es lo más amplio. Ve del todo a la parte. Investiga el contexto en que surgió el libro del que predicas. Canónico viene de canon.

Según la RAE, la palabra canon, entre otras acepciones, significa: «Regla o precepto, catálogo o lista, catálogo de libros tenidos por la Iglesia católica u otra confesión religiosa como auténticos sagrados». En este caso la Biblia es el canon que contiene los sesenta y seis libros que consideramos sagrados; aunque la Biblia católica incluye libros apócrifos.

Apócrifo significa: «Falso o fingido. De dudosa autenticidad en cuanto al contenido o la atribución. Dicho de un libro de la Biblia que no está aceptado en el canon de esta, como los evangelios apócrifos» (RAE).

Utiliza en tu exégesis el canon bíblico legítimo. Analiza el libro antes de investigar el texto. El libro es el contexto al que pertenece el texto. Estudia el tema del libro. Los motivos por los que el autor lo escribió. La fecha. Quién gobernó en esa época, cuáles fueron las circunstancias políticas, sociales culturales y religiosas.

A quienes lo dirigió. Indaga todos los detalles que te interesan sobre ese contexto. Conviértete en un experto de ese libro. Ve de lo general a lo particular. No hables de lo particular antes de entender lo general, es como investigar una flor sin saber que planta la produjo, de dónde vino y a qué especie pertenece. Cuando comprendes el objetivo del autor y los detalles del libro, estás listo para investigar el texto.

Como sabes, los profetas escribieron sus libros sin las divisiones que tienen ahora. No estaban divididos en capítulos y versículos. Fíjate y observa como a veces estas divisiones parecen interrumpir ciertos temas bíblicos. Se debe a que no son exactas.

Los predicadores buscan en el texto bíblico porciones completas de un tema. Estas porciones se llaman «perícopas». Una perícopa es una división que contiene un mensaje completo de principio a fin. Antes de ella y después de ella el tema es otro. Aprende a distinguir una perícopa de otra, ese es otro de los secretos de crear buenos sermones.

Enmarca el contenido de un tema, escena, relato, profecía, parábola, sermón o cualquier otra delimitación establecida por el autor del libro. Existen perícopas que inician en un capítulo y concluyen en el siguiente. Eso sugiere que debes delimitar el contenido temático para buscar una mejor aproximación al tema. Tu texto debe incluir el análisis de la perícopa completa. Examina tu bosquejo.

Observa cómo el texto está integrado al canon. El texto puede contener uno o más versículos. Define la perícopa a que pertenecen los versículos que elegiste, cómo está involucrada en el resto del libro, dónde están sus límites.

Los límites parecen invisibles, pero están ahí. Un cambio de escena en la narración, un tema distinto, una profecía diferente, o cualquier otra variación sugiere el final de la perícopa y el inicio de otra.

No mezcles un tema con otro que no tiene nada que ver. Delimita. La práctica te ayudará a elegir bien desde la elección del texto.

Se puede hablar bien sin ser fiel al tema, pero el sermón divaga, no es concreto. Mi padre, como ejemplo de infidelidad al tema, recitaba un verso que alguien escribió, decía:

Hembra la vaca parió.
La noche se ha terminado.
El arzobispo murió.
Comido el lechón asado.

Los cuatro versos riman, pero tratan temas independientes que nada tienen en común. Concéntrate en un tema específico. Lo demás se llama incoherencia. No te desvíes, mantén el hilo temático.

La exégesis permite que encuentres el sentido correcto a la interpretación bíblica. Si incluiste en el bosquejo elementos de otra perícopa puedes eliminarlos o dejarlos. Valora qué conviene más al sermón.

Busca una Biblia con notas al margen o lee las introducciones que algunas Biblias traen al inicio de cada libro; o incluso, consulta un volumen de introducciones. Entérate del contexto del libro.

Sé cuidadoso al leer notas, a veces los comentarios están influenciados por la cosmovisión teológica del autor. Pablo escribió: «*Examinadlo todo; retened lo bueno*» (1 Tesalonicenses. 5:21).

Observa lo que otros dijeron del texto; pero sé crítico. Examina con cuidado aspectos geográficos, datos históricos, características sociales y otros, pueden ser aceptables a cualquier posición doctrinal; pero las pre-suposiciones teológicas del autor a veces afectan su interpretación del tema. Elige los autores más respetados. Consulta a varios autores y discrimina en favor de los más precisos.

Hoy en día estas herramientas: comentarios bíblicos, diccionarios de la Biblia, concordancias bíblicas, léxicos de idiomas originales de la Biblia, introducciones, versiones interlineales de la Biblia y otros, son más asequibles que hace años.

En la red aparecen buenos diccionarios teológicos, comentarios bíblicos, concordancias de la Biblia, etc. Los hay gratuitos y de pago, *e-Sword* es una de las aplicaciones más completas para la investigación bíblica; la aplicación con las biblias y el material elemental es gratis; pero debes comprar el resto de los volúmenes. Puedes reunir hasta unos ochenta documentos, entre biblias, comentarios, referencias y diccionarios.

La aplicación contiene biblias en lenguas originales e interlineales. Otros programas como: *Libronix* y *Bibleworks*, también se consiguen en la red. Cualquiera de ellos contiene las herramientas que necesitas. Es asombroso todo lo que está a tu alcance.

Puedes descargar gratuito el CBA, *Comentario Bíblico Adventista* en español para *Androide*, no aparece para *iPhone*. Los libros electrónicos de pago tienen un costo mínimo si los comparas con los volúmenes en papel.

Lo curioso es que a veces queremos predicar bien sin invertir en herramientas. Pregúntale a un carpintero o a cualquier otro trabajador, si puede hacerlo bien sin invertir en herramientas. Invierte y crecerás.

Casi cualquier persona tiene acceso a estas herramientas de investigación bíblica. Pero no todos aprenden a usarlas. El libro de papel es más fácil de manejar por la mayoría. No importa el sistema que elijas, estudia y obtendrás una idea clara del contexto canónico que te interesa conocer.

Estudio del texto original

Aproxímate lo más posible al texto original. Las mejores herramientas para lograr dicho objetivo están en lenguas originales. No bases tu estudio en tu versión predilecta de la Biblia. Unas versiones son más exactas que otras, incluso, existen paráfrasis de la Biblia.

Una paráfrasis es un comentario del texto original. No es estricto. Tu exégesis del texto debe soportar la crítica textual. La harás pública y los oyentes la juzgarán.

Existen diferencias entre una versión y otra. Hay versiones populares y de estudio. Una versión popular no es la más apropiada para establecer conceptos serios de un tema bíblico; las versiones de estudio son más confiables. Si no conoces lenguas originales no importa, existen biblias interlineales que puedes consultar. Busca una interlinear de tu idioma.

Entre las mejores versiones están: *Versión Reina-Valera* 1960 y 1995, *Biblia de Jerusalén* 1967, *Biblia de las Américas, Lockman Foundation*, 1986; *Nueva Biblia Española*, de Luis Alfonso Schokel y Mateo Iglesias, 1976; y en inglés: *New American Estándar Bible* y *New Revised Standard Bible* (Vyhmeister, 2009). Consúltalas y descubre si tu texto elegido contiene variantes textuales. Las variantes textuales son pequeños cambios de letras, palabras añadidas u omitidas y repeticiones. No afectan el mensaje bíblico, pero pueden inducir distintos puntos de vista al respecto (Vyhmeister, 2009).

Determina qué es lo más probable que dice el original y compáralo con tu interpretación. Establece la evidencia textual.

Comprensión del mensaje del texto

Como descifraste el contexto canónico y comprobaste la evidencia textual, puedes interpretar el mensaje del texto. Para predicar usa tu Biblia, una traducción; pero consulta antes el texto original. Clarifica el mensaje del texto.

Si deseas predicar con poder es bueno que adquieras algunas herramientas útiles al predicador. No tienes que invertir una fortuna. Basta con algunas que sean confiables.

Un buen diccionario bíblico. Un comentario completo de la Biblia. Una Biblia lo más fiel posible a las lenguas originales, si es posible, una versión interlineal. Los beneficios que obtendrás de ellos compensarán la inversión.

Los diccionarios bíblicos y gramáticas de los idiomas originales establecen las traducciones correctas del texto. Indaga si tu traducción se ajusta al texto original. Todavía no leas comentarios e interpretaciones de otros autores, es lo último que se hace. Si los lees antes te impedirán tener una visión propia. Primero has un estudio gramatical del texto. Es lo básico. Lo que importa es que sepas por ti mismo qué dice el texto en verdad.

Revelación del significado del texto

Analiza las palabras del texto en forma individual. Observa cómo las usó el autor en otras partes; u otros autores en distintos fragmentos de la Biblia. Las concordancias de lenguas originales son útiles; pero un buen diccionario teológico puede dar una idea clara del sentido correcto de la palabra en cuestión. El análisis textual te ayuda a entender el texto lo más cerca posible de la intención original del autor.

Estudia la lista de palabras que usaste en el bosquejo del sermón: verbos importantes, sustantivos (nombres), adjetivos y cualquier dato gramatical que te importe. Encuentra el significado teológico de cada palabra del texto que te interesa. Compara los resultados con tu bosquejo. Si necesitas enmendarlo, hazlo.

Enriquece el material base de tu sermón. No metas en el sermón todo lo nuevo que encuentras, puede ser la materia prima para otros sermones o series. Guárdalo donde lo encuentres cuando te haga falta. La predicación expositiva nace del texto, se nutre del texto y vive en el texto. Es la Palabra hablando a la audiencia.

El predicador no predica de la Biblia; sino que la muestra a sus oyentes. Dios habla a los oyentes desde ella. La exégesis correcta del texto enriquece el tema. Predica la Biblia.

Es probable que la exégesis te aporte material para otros temas o series. Eso no indica que lo que hiciste está mal; sino que, a más luz los puntos de vista crecen. La palabra de Dios es infinita. Como predicador puedes crecer con ella hasta dimensiones intelectuales que ni siquiera sospechas.

El resto de la exégesis aportará el argumento del sermón. No hay una parte más importante que otra. Cada paso de la exploración bíblica tiene un papel importante en la preparación del tema y del predicador.

Es como un engranaje de reloj. La sincronía permite que Dios, la Palabra, el sermón, el predicador y la audiencia colaboren en un objetivo común: conducir la congregación a Cristo. Esta es la verdadera y principal meta del predicador cristiano. Puedes ser un buen maestro, predicar sermones impactantes, ser agradable y caerle bien a la gente; pero si no llevas la audiencia a Cristo, no lograrás tu objetivo principal: salvar del pecado.

Contexto histórico-geográfico

Investiga el medio en que el autor y el destinatario trataron el texto. Los seres humanos somos hijos de una época. Cada tiempo genera conceptos filosóficos e interpretaciones de la vida, costumbres sociales, necesidades humanas y toda clase de distinciones.

Estudia el ambiente social, el contexto religioso y espiritual, influencia política, geografía circundante, ubicación geográfica del autor y su destinatario. Averigua cómo influyeron dichos asuntos en la conducta humana de su época y cómo los confrontó el personaje o las personas involucradas en el texto.

Ninguna época es igual a otra. Los seres humanos nacemos en un tiempo, vivimos en él y recibimos la influencia de él. Se dice que somos hijos del tiempo en qué vivimos.

Por lo tanto, debes prestarle atención al contexto histórico en que se desarrollaron los hechos o se escribió la historia. Incluso, a veces los hechos ocurrieron en un tiempo distinto a cuando el autor la registró. Presta atención a estos detalles. Es importante saberlo.

Al menos existen dos relatos de predicadores equivocados en el tiempo. Que pronunciaron datos fuera de época en el sermón. Una de las historias es real, la otra parece un chiste.

El primer predicador relató emocionado, cómo echaron al joven Daniel en el foso de los leones. El problema es que la Biblia dice que Daniel era un joven cuando lo llevaron cautivo a Babilonia. Sirvió a Nabucodonosor hasta la caída de su imperio y sobrevivió. Fue entonces que los persas lo pusieron en un cargo de gobierno. Ya no era joven.

El otro caso es el de un predicador emocionado que dijo en su sermón: «Los discípulos tomaron el avión en Nazaret y aterrizaron en Jerusalén». Entonces uno de la congregación exclamó: «No había aviones en ese tiempo». A lo que el predicador dijo: «Bueno, y que hacía ahí Poncio Pilato».

Saca tus propias conclusiones. Cuanto más conozcas de la época en que vivieron estas personas, mejor será tu comprensión textual. Que comprendas esto es básico para que elabores una buena exégesis textual. Es la base de lo que será tu sermón. No lo olvides.

Cómo lo entendió la audiencia

Lee comentarios bíblicos y consulta la opinión de distintos intérpretes. Ten en cuenta la formación teológica del comentarista. Sé selectivo.

Descarta lo que creas inapropiado. Analiza los resultados con espíritu crítico. Recuerda, no eres una esponja. Tienes conceptos propios que buscas esclarecer. Si te equivocas cámbialos. Ten mente abierta al cambio. Deseas aprender lo correcto y debes lograrlo. Nunca sostengas lo insostenible. Puedes ser sincero en tu relación con las Escrituras.

Usa los textos bíblicos en el sentido estricto. No hagas al autor decir lo que no dijo. Existen dos maneras de hacer la aplicación textual: explícita e implícita. Como sabes, lo explícito «expresa clara y determinadamente una cosa»; lo implícito «está incluido en otra cosa sin que esta lo exprese» (RAE).

Puedes realizar una aplicación extendida del texto, es posible, pero no digas que ese era el sentido del autor y que así lo entendieron los primeros lectores.

Los versículos y enseñanzas bíblicas son útiles en cualquier época. La Biblia contiene la voluntad de Dios para el hombre en el tiempo.

El mensaje divino no caduca, no tiene fecha de vencimiento. Cada versículo continuará vigente hasta que Cristo venga. Como hace años dijo Juan Donoso Cortés cuando hablaba de la Biblia: «Libro en fin, señores, que, cuando los cielos se replieguen sobre sí mismos como un abanico gigantesco, y cuando la tierra padezca desmayos, y el sol recoja su luz y se apaguen las estrellas, permanecerá el solo con Dios, porque es su eterna palabra resonando eternamente en las alturas» (Biblioteca virtual Miguel de Cervantes, 2018).

La raíz del sermón bíblico está en el contexto original. De ahí parten las aplicaciones del predicador evangélico. Lo que Dios le dijo a Abraham se lo dijo a él y no a ti ni a tus oyentes. Tu misión como predicador consiste en determinar qué mensaje trae Dios a tu audiencia a partir de lo que le dijo al Padre de la fe. Ese es el mensaje actual del texto.

Mensaje actual del texto

Este es el paso final de la exégesis. Cuando entiendes lo que Dios dijo a otros, entonces comprendes lo que nos dice ahora a partir del texto. Sabes lo que necesitabas conocer. Es el momento de aplicar el resultado de la exégesis a la creación de tu sermón o hacer una eiségesis.

Exégesis significa «explicación e interpretación» RAE; la eiségesis es cuando «dices lo que quieres que diga el texto». No lo hagas, no inventes significados antojadizos. No seas subjetivo, se objetivo con tu audiencia y te lo agradecerán. Sé honesto contigo mismo.

Enriquece tu comprensión de la Palabra. Nutre tu capacidad de interpretación. Perfecciona el bosquejo que creaste y refuerza su contenido con información adicional de primera mano. Huye de las suposiciones. Conviértete en un referente para quienes desean aprender de las cosas de Dios. Pablo dijo a Timoteo: «*Que prediques la palabra*» (2 Timoteo 4:2).

Permite que la Biblia hable a los oyentes por sí sola. Guía los oyentes a Cristo con la Biblia, que es la brújula divina. Las pre suposiciones personales son opiniones que todos tenemos, pero la congregación desea escuchar un así dice Jehová.

Pablo dijo: «*Y a los demás yo digo, no el Señor*» (1 Corintios 7:12). Era su opinión individual y lo dijo. Fue sincero. Tienes el derecho de tener una posición personal, todos la tenemos; pero hazlo saber si conviene.

Aunque prefiero no predicar sobre enfoques particulares. Lo polémico debe quedar lejos de la predicación. Una palabra fuera de lugar puede dañar tu sermón. Piensa antes de hablar. La gente confía en la seriedad del púlpito. Honra es confianza.

Tienes claro de qué texto predicarás. Hiciste un bosquejo. Lo enriqueciste con el análisis textual, conseguiste un buen contenido. Estás cerca del objetivo final: tu sermón. Pero no es todo.

Este capítulo, el paso dos, no es informativo. Solo menciona los puntos esenciales que debes practicar si deseas predicar con poder. No lo leas por leerlo, ponlo en práctica. Enumera los puntos explicados y trabaja en ellos hasta que comprendas su significado. Es la práctica la que convierte la teoría en realidad. Por eso este libro promueve la práctica por encima de la teoría; procura que por encima del conocimiento logres convertirte en un exégeta.

Tal vez tienes material para varios sermones, incluso, para una nueva serie. Relacionaste lo que aprendiste en la exégesis e identificaste cada parte del texto; pero no es suficiente, puede que hayas traído a la existencia una obra de arte, pero cabe una pregunta: Sabrás desarrollarla en público a partir del bosquejo que creaste. Todavía debes preparar el material para la exposición.

Paso 3

RETOQUE DEL DOCUMENTO

La exposición de tu sermón requiere que retoques y simplifiques al máximo el material que obtuviste a lo largo del proceso. Este es el tercer paso que conduce a predicar con poder. Debes pulir lo que creaste. Alisar lo más difícil. Necesitas un extracto del bosquejo. La concisión te ayuda a memorizar el contenido. Es el momento de imprimir belleza literaria al bosquejo. Quita lo que le sobra y añade lo que le falta. Es el arreglo del contenido que conduce a la forma. La manera como lo dirás al auditorio.

Solo Dios es perfecto. Los seres humanos necesitamos perfección y pulir el trabajo que realizamos.

La perfección de nuestro carácter y como predicadores, depende de que le permitamos a Cristo modelarnos. Una obra que ejecuta cuando se lo permitimos, pero que terminará cuando venga y nos lleve con él; pero antes podemos mejorar nuestro servicio a Dios y la tarea que él nos encomendó. Tu obra puede brillar.

Tú y tu sermón son perlas en bruto que necesitan resplandecer. Las piedras preciosas brillan cuando el joyero las pule. Tus ideas puede que sean joyas sin pulir, pero necesitan que las alises lo mejor que puedas.

Pulir el sermón es lo más difícil, es más arduo que lo que has creado hasta aquí. Hasta este instante tu trabajo consistió en acumular información, pero pulir es deshacerse de una parte importante del material acumulado. Reuniste material que te pareció excelente, ahora lo amas y deseas compartirlo con tus oyentes. Tu intención es buena, pero debes comprender que en un sermón solo cabe una pequeña parte de lo que encontraste.

Parece duro, pero es necesario si deseas predicar con poder. Aprende a distinguir entre la arena y el oro. Detecta el material que salta a la vista entre el resto. El metal precioso brilla con luz propia. Así son las verdades escondidas en el texto. Brillan cuando las aíslas del resto.

La diferencia la hace el detalle. Tal vez piensas que lo importante es memorizar los datos aprendidos durante el estudio; pero tres simples pasos pueden hacer la diferencia: imaginación, perfección y sencillez,

Desarrolla la imaginación

No creas que lo que necesitas es memoria. Einstein dijo: «La memoria es la inteligencia de los tontos»; él creía que «la imaginación es más importante que el conocimiento». Necesitas imaginación para convertir tu sermón en un diamante refulgente.

Pulir un sermón es quitarle lo que le sobra. Es dejar la cantidad precisa de información y organizarla de un modo ingenioso. Que cuando otros la vean noten la diferencia y se pregunten: ¿Esto tan sencillo estaba ahí?

Imaginar es tratar de ver lo que no habías visto antes, o tal vez nadie haya observado jamás. No imites a otros. Busca tu propia visión de las cosas y encuentra lo que buscas y hasta lo que ni siquiera imaginas que existe.

Mucha gente estudia la Biblia y creen que lo saben todo. otros piensan que ya otros se le adelantaron y dijeron lo que había que decir, no creen que todavía hay perlas escondidas en ella.

Salomón dijo: «*Por la misericordia de Jehová no hemos sido consumidos, porque nunca decayeron sus misericordias. Nuevas son cada mañana; grande es tu fidelidad*» (Lamentaciones 3:22-23). Confía en que todo lo que viene de Dios se renueva cada día. La Biblia, que es su palabra, trasmite la voluntad divina.

Si lo crees buscarás a Dios en ella y lo encontrarás. La presencia divina junto al siervo humano es la convicción que garantiza la confianza del predicador. No lo dudes. Ve a Dios con humildad y sencillez y permite que te hable en la simplicidad de su palabra. Aléjate de la rutina. Para lograrlo no caigas en la extravagancia o la complejidad de las cosas. Separa el oro de la arena y púlelo. La sencillez es la que hace brillar el sermón, lo complejo aturde a la mayoría de las personas. La imaginación te ayuda a pulir el bosquejo. Ten en cuenta que alisar es quitar lo que sobra. Hazlo y triunfarás en esta empresa.

Perfecciona el producto

Cuando tienes que predicar te parece que la tarea más difícil del predicador es encontrar qué decir, pero no lo es. Si trabajaste suficiente, lo más duro es renunciar a una buena parte de los argumentos que hallaste.

Desechar contenido es lo más difícil que enfrentarás. Somos paternalistas con lo que escribimos. Te parecerá que renunciar a ello es un crimen.

A veces, desistir de una frase es como perder un ser querido; pero, aun así, quita lo que sobra a tu sermón. Purifica el contenido. No te lamentes por lo que sobra, si no te sobra material es que no haz realizado un buen trabajo. Es raro encontrar un diamante solitario tirado en el suelo limpio sin que otro la vea antes que tú.

Las gemas de tu sermón yacen revueltas entre la información que extrajiste, tu trabajo es encontrarlas y pulirlas. Es una tarea que toma tiempo y requiere habilidades que obtienes cuando practicas los consejos de este libro.

Limpia el texto de lo que no pesa suficiente. La hojarasca impide que los demás vean el producto verdadero que se esconde bajo el polvo y la paja. Necesitas el grano íntegro, sin contaminación temática.

Falto de peso no significa malo, sino que no cabe en el tema que elegiste, pero con otro argumento puede ser lo mejor. No deseches lo que sobra, apártalo para otro momento. Pule lo que necesitas. Tal vez sean tres promesas, dos pecados, tres bendiciones o algunos personajes interesantes por lo malo o lo bueno que fueron. La palabra clave señala las gemas que necesitas. Es la linterna que la hace brillar ante tus ojos asombrados.

Recuerda que la palabra clave es el centro del sermón y el argumento gira en derredor de ella. Pulir es un trabajo de posproducción, se hace al final. Todo el argumento del sermón gira alrededor de esa palabra mágica: la palabra clave. Si es **promesas**, no pares hasta que estas salten a la vista, todos deben verlas con claridad en el menor tiempo posible.

Si te permiten hablar cuarenta minutos el tiempo te parecerá poco para explicar las tres promesas. El saludo y la introducción tal vez te tomen cinco minutos, dedicarás otros diez a cada una de las promesas y te quedarán cinco para resumir, llamar a los oyentes a la aceptación y concluir tu mensaje. Se quedarán con ganas de oírte. Parece simple, pero es difícil que lo logres sin esfuerzo.

Cultiva la sencillez

La tendencia es a creer que la grandeza surge de las cosas difíciles y complicadas, pero no es cierto, lo más extraordinario es la sencillez bien organizada.

Existen muchas maneras de pulir el sermón. Las tres secciones de este necesitan que las purgues de las palabras que les sobran. «No obligues al lector a leer palabras de más, te lo agradecerá», este es el consejo de escritores de experiencia. En la oratoria sucede lo mismo.

No uses veinte palabras si puedes usar diez. Comienza por el título. Poda lo que sobra. Lo difícil es que detectes lo que no encaja en tu tema. Hállalo y elimínalo sin piedad.

Cuando tienes lo que necesitas lo más importante es crear un buen título. Que enganche a la gente cuando lo escuchen. Los títulos cortos son mejores. Busca la idea central y pódalos de conectores innecesarios como: que, a, se y otros. Ejemplo: *Como alcanzar las promesas de Dios en tiempos difíciles*, ocho palabras. No suena mal, pero puede mejorarse; tal vez sea más sugestivo:

Promesas eternas a tu alcance, el oyente conoce el tamaño de sus dificultades y valorará la oferta.

Ni siquiera es obligatorio que incluyas la palabra clave en el título. Tal vez sería mejor: *Todavía puedes alcanzarlas*. Crea más suspense. Cautiva la curiosidad del oyente. ¡Tres palabras! No tiene conectores. Existen mil posibilidades. Sé creativo. La originalidad hace la diferencia. El título es el nombre de tu sermón, no el sermón. Hasta cinco palabras es suficiente. Más cortos dicen más y los recuerdan mejor.

Conocí un pariente que tenía tres nombres que no eran tan cortos, cuando lograba decir el apellido a veces ya no había quien lo escuchara; pero hoy la gente no usa tantos nombres. Todo se ha simplificado.

Tampoco seas minimalista. Había un predicador que titulaba sus sermones con una palabra: palo, piedra, panes, peces, etc. Una sola palabra casi siempre dice poco o no define nada.

La introducción tiene tres partes: Saludo, presentación del tema y oración transicional. Un saludo cordial simple. Sintetiza la introducción; si es posible, resume el objetivo del sermón en un párrafo conciso, deja los detalles para el cuerpo. La oración transicional es una frase corta cuyo centro es la palabra clave.

Ejemplo: Juan presentó algunas **promesas** que todos necesitamos obtener para ser felices en nuestra vida cristiana actual. Pódala lo más que puedas.

Es suficiente: hablaré de algunas **promesas** deseadas por todos. O cualquier otra síntesis. Imagina. Crea frases. Quién dijo esas promesas, por qué y para qué, lo explicas después, es tema del cuerpo, llega a él lo más rápido que puedas. El tiempo se acaba.

Sintetiza las divisiones del cuerpo. Construye frases cortas alrededor del tema indicado por la palabra clave; en este caso **promesas**. Es suficiente: la promesa de darnos una morada celestial, la promesa de volver otra vez y la promesa de llevarnos con él (Juan 14:1-3). Estos tres puntos principales pueden extractarse hasta la mínima expresión.

No es necesario que incluyas la palabra clave en cada división, es reiterativo. Innecesario.

Dijiste que hablarías de **promesas**. Lo saben. Pudiera ser: Una morada nueva, vendrá otra vez y nos llevará con él. Es suficiente. Ahí están las tres promesas. No las olvidarán.

A veces es posible extractar las divisiones en una sola palabra; en este caso puedes explotar la conjugación verbal en infinitivo. Ejemplo: Jesús prometió, obsequiar, regresar y trasladar; son las tres divisiones. Si es posible busca **verbos** que comiencen con la misma letra, o que su primera letra forme un acróstico con las demás, que escribas en una pizarra y recuerden cuando te vayas. Son recursos que ayudan al oyente a memorizar las enseñanzas y contribuyen al aprendizaje.

Encuentras un ejemplo de este método en mi libro *Esperanza para la familia quebrantada*. Contiene ocho capítulos sobre el capítulo 15 de Lucas. Seis capítulos son sobre el hijo pródigo. Muchos de los subtítulos están basados en una palabra que puede funcionar sola. Cada palabra inicia con la misma letra.

Los mejores sermones pasan la prueba del tiempo mientras los podas o les injertas detalles cada vez que los acaricias.

Un buen sermón es como un hijo. Tratas de mejorarlo cada vez que puedes.

Cuando envejezcas y ya no prediques, ellos habrán alcanzado la perfección. Entonces los publicas.

PASO 4

DOCUMENTACIÓN PERSONAL

Hasta este capítulo has avanzado mucho y estás a punto de empezar a predicar con poder, pero todavía no es suficiente, hay algo que debes mejorar; que, sin embargo, por mucho que lo mejores necesitarás perfeccionar mientras vivas. Ese eres tú. Este es el cuarto paso que debes dar para predicar con poder, mejórate a ti mismo.

Puedes crear el mejor sermón del mundo, pero dependerá de tu preparación personal que impactes a los oyentes.

Tu documentación es imprescindible. El predicador es un hombre actual, conoce de Dios y entiende la época en que él y sus semejantes viven.

Para predicar con poder necesitas dos seguridades, la primera es en Dios y la segunda en ti mismo. Tienes seguridad en Cristo, posees la convicción de que Dios te llamó, sientes la vocación que Dios te otorgó, la oración te une al trono de la gracia, lees la Biblia con pasión y meditas en las cosas eternas. No dudas de que Dios está a tu lado. Tu actitud te llevó a Cristo y él te recibió; pero también necesitas aptitud.

Confías en lo que Dios puede realizar contigo, pero debes hacer tu parte para crecer con simetría; necesitas especializarte en distintas áreas. La aptitud del instrumento puede hacer la diferencia. Actitud y aptitud deben operar juntas para que puedas dar a Dios lo mejor de ti.

Capacitación del predicador

El expositor bíblico es un instrumento multifacético. Te pones en manos de Dios y el Espíritu te otorga dones. Aprendiste que los dones bíblicos se dividen en tres categorías: dones de hacer, de decir y de saber. Es curioso que la exposición de la Palabra requiere de las tres áreas de dones registradas en *Hechos de los apóstoles*. Predicar es uno de los oficios eclesiásticos que mayor preparación demanda.

Los dones se relacionan con los talentos y estos son capacidades naturales con las que nacen los seres humanos.

Naciste con aptitudes que puedes usar para bien o para mal, eso depende de ti, por eso son talentos. Naciste con ellos, son tuyos. Tus talentos se convierten en dones cuando los pones al servicio de Dios (Valenzuela, 2005). Esa es tu decisión.

Dios toma el control de tu vida si pones tus talentos al servicio de Cristo. Su Espíritu Santo te ilumina y fortalece. Te enseña de muchas maneras, pero te ilumina en la medida en que colaboras con tu propia instrucción. A mayor preparación más eficiencia al interpretar la palabra revelada.

La revelación profética conecta al siervo con lo desconocido; pero la iluminación beneficia al alumno en la medida de su educación. La luz aumenta en proporción con la formación del discípulo.

El Espíritu tiene dos misiones con los seguidores de Cristo: enseñar y recordar (Juan 14:26); pero ilumina a todos por igual. La luz de Dios resplandece en su Palabra para todos los seres humanos, aunque muchos ni siquiera lo notan. Tu trabajo es ayudarlos a ver esa luz que viene de lo alto y guía al pecador a Jesús.

La Biblia está al alcance de cada ser humano. El Espíritu los guía a ella, pero cada uno ve la luz que emana del sagrado libro en la medida que sus herramientas se lo permiten. Jesús no prometió sustituir el entendimiento de sus seguidores, sino guiarlos hacia la luz y recordarles lo que estudiaron.

La parte humana puede marcar una diferencia en tu predicación. El predicador necesita el desarrollo de los dones que Dios le dio. Requiere conocimiento y sabiduría, pero es más fácil adquirir conocimiento que ser sabio. La sabiduría viene de Dios. Acógete a la promesa bíblica, Santiago dijo: pide sabiduría a Dios y te la concederá (Santiago 1:5).

El conocimiento puede ser elemental o profundo, puede aumentar sin límites; pero, la sabiduría alude a un nivel más elevado de conocimiento, está asociada con la prudencia y con la profundidad a un nivel superior de comprensión (RAE, 2017). Sócrates tenía un alumno que deseaba ser tan sabio como él. El aspirante a sabio importunaba al filósofo para que le diera conocimiento; al punto, que el pensador no hallaba qué hacer con el impertinente. Un día el genio le dijo al alumno:

—Vamos al mar.

—¿Qué haremos en el mar?

—Te daré la primera lección de sabiduría.

Caminaron un rato y llegaron a la playa. Sócrates descendió al agua, entró hasta cierta profundidad y dijo al alumno: «Acércate». El discípulo no relacionaba el conocimiento con el mar, pero obedeció. Entró al agua y caminó hasta donde lo esperaba el sabio.

El maestro lo agarró por la cabeza, lo zambulló en el agua y lo sujetó con fuerza. El aprendiz forcejeó y pataleó hasta que las manos del maestro cedieron y emergió sobre la superficie soplando aire y agua en derredor. Estaba agotado. Jadeaba con fuerza. El cuerpo le temblaba mientras el corazón disminuía los latidos y regresaba a la normalidad. Entonces Sócrates le preguntó:

—¿Qué deseabas más cuando estabas bajo el agua?

—Aire maestro, aire...

—Cuando desees la sabiduría como anhelabas el aire serás sabio.

Muchas personas no están dispuestas a pagar el precio de la sabiduría. La mayoría de la gente estudia porque quiere un puesto de trabajo superior o piensa que un día le van a pagar un mejor sueldo. Cuando alcanzan la meta dejan de estudiar, se conforman con un conocimiento limitado.

Quienes piensan en los resultados del conocimiento aprenden lo mínimo para obtener los beneficios que buscan. Sacrifican los menos recursos posibles en la preparación personal.

Aprender no es un negocio. Un predicador de éxito desea la sabiduría como se anhela el oxígeno que contiene el aire que respiramos. Si no tiene sabiduría clama a Dios hasta que se la otorgue (Santiago 1:5).

Santiago dice que existe otra sabiduría. Una que no viene de Dios; sino, del diablo (Santiago 3:15). Asegura que la sabiduría que vine de Dios da fruto y trasmite seguridad (Santiago 3:17). Esa es la sabiduría a la que aspiramos los predicadores del evangelio.

El predicador verdadero va más allá de un curso determinado de estudio. Es un devorador voluntario de conocimiento.

Observa el medio en que vive, es un estudiante implacable, lee con mentalidad crítica hasta que entiende, identifica los términos lingüísticos que resaltan en la información de la lectura y percibe la estructura de lo que lee: bosqueja el contenido estudiado. Pero no se conforma jamás.

Es un eterno inconforme. Quiere más, porque comprende que su trabajo demanda de él cada vez más. Los oyentes solicitan alimento fresco cada día y solo puedes entregarles parte de lo que recibes.

«Quienes no estudian pronto se encontrarán raspando en el fondo de un caldero vacío», es una vieja advertencia a los predicadores que se conforman con lo que aprendieron en la escuela.

Cuando un alumno gradúa en la Universidad, ese día es posible que tenga al menos cuatro años de retraso en la carrera que acaba de graduar. Los libros de texto llegan a los centros universitarios después de un largo período de escritura, edición literaria, producción de imprenta, distribución territorial y almacenaje; un proceso que toma unos cuatro años. Un graduado universitario puede ser un profesional desactualizado.

Los profesionales se actualizan por la prensa científica, las revistas especializadas, los nuevos libros que llegan a las librerías, la participación en seminarios y simposios, y hasta por los noticieros radiales y televisivos. La educación continuada es una herramienta importante en las empresas que se respetan a sí mismas.

El oficio de predicador no es diferente. El crecimiento personal no termina nunca. No es obligatorio, pero es un requisito para el éxito.

Si aspiras a ser un predicador relevante debes cultivar un espíritu inquebrantable de superación personal.

La Biblia dice: «*Examinadlo todo; retened lo bueno*» (1 Tesalonicenses 5:21). El cerebro del predicador filtra el material que recibe y separa lo malo de lo bueno. Te conviertes en un investigador crítico. No tienes que saberlo todo, pero trata de conocer lo más posible tu vocación y la gente que te rodea se beneficiará de ella.

El predicador de éxito vive en un mundo real. Conoce a la gente que lo rodea. Acepta las virtudes y defectos de los demás seres humanos. No pretende que los pecadores suban donde él está, sino que desciende y se pone al nivel de ellos. Ofrece pasto para ovejas y para jirafas a la vez, pero da a cada cual lo suyo. Todos los que lo escuchan se sienten alimentados.

Es difícil predicar a un auditorio diverso, pero tómalo en cuenta cuando preparas tu mensaje. Es tu responsabilidad alimentar a todos los que puedas. Un sermón fuera de lugar habla de tu descuido por la gente que pretendes ayudar. Sé oportuno; como dice el dicho: «Preciso, conciso y macizo». La rapidez con que vivimos requiere esas tres cosas: exactitud, brevedad y consistencia. Divagar conduce a la mediocridad y este al fracaso más absoluto.

Mesetas del predicador

En geografía una meseta es una planicie sobre una montaña. Surgen del mar impulsadas por enormes fuerzas tectónicas internas, o la energía del viento y la lluvia erosionan las montañas y las crean. Existen a centenares de metros sobre el nivel del mar. Son hijas del poder de la naturaleza; pero en el predicador es distinto.

Las mesetas del predicador las produce la inacción y el conformismo, la ausencia de poder. Se forman a cualquier altura. Les ocurre a los buenos predicadores, a quienes creen que llegaron, a los que se cansan y a quienes se conforman con resultados mínimos; las mesetas de estos últimos más bien son planicies a ras de tierra. Nunca conocieron la cumbre de la montaña. Son llanuras creadas por la parálisis del crecimiento. Los llanos son cómodos, en ocasiones hasta relajantes. Las montañas a veces cansan hasta de mirarlas. No todos son aptos para escalar alturas.

Las mesetas del predicador son estados de estancamiento personal. Ocurren cuando la rutina controla el modus operandi del orador.

Que se convierte en un ente predictivo, porque la gente sabe de antemano qué va a decir. No tiene alimento fresco. Su crecimiento ha muerto.

Si quieres predicar con poder sube la montaña. Sacrifícate, aunque creas que no puedes. Renuévate cada día. Revive. Sube cómo las águilas (Isaías 40:31); rejuvenécete como el águila (Salmos 103:5). Trabaja día y noche. Entrénate. No dejes de crecer. Cuando te estanques toma fuerza, mira hacia el cielo y continúa el ascenso hasta la cúspide, porque la cima está al lado de Cristo. Eres más que un alpinista.

Los alpinistas usan cuerdas para sujetarse, picos para cavar en las pendientes, ganchos para aferrarse a las rocas, zapatos especiales para no resbalar, trajes a prueba de golpes y muchos otros accesorios; pero sobre todo desarrollan la voluntad y el valor. Todas esas herramientas sin la aptitud no conducen a ningún sitio.

Tú también tienes herramientas que te ayudan a crecer. Consíguelas y úsalas en tu ascenso hacia la cumbre; pero ten voluntad y valor cristianos.

El uso adecuado de estas herramientas puede evitar que surja una meseta en tu carrera. Las mesetas del predicador en vez de incomodar el viaje disgustan a la gente; pero al predicador le sirven para descansar y continuar el ascenso hacia la cumbre. Relajarse puede ser el final del poder como comunicador de Dios. Dios no se cansa.

Herramientas del predicador

El entrenamiento del predicador requiere algunas herramientas especiales. Necesitas conocimiento general y particular. Inicia por el particular, el general surge de la suma del esfuerzo específico que aplicas a cada tema que desarrollas; a menos que puedas internarte en un colegio ministerial.

Todos no recorrieron el mismo camino para llegar a la cúspide de su carrera. La teoría y la práctica avanzan juntas. La práctica surge de la oportunidad, la teoría nace de modo regular, o autodidacta; pero si el estudiante habitual no se esfuerza más que la exigencia del profesor, puede que no llegue lejos. Muchos triunfadores no fueron a la Universidad y miles de universitarios fracasaron. El éxito resulta del propósito unido a la perseverancia. Puedes lograr lo que te propongas. Si no tienes otra oportunidad estudia por ti mismo. Documéntate lo más que puedas.

La Biblia es la fuente que nutre al predicador; pero sus herramientas son los comentarios bíblicos, los diccionarios de la Biblia, las concordancias bíblicas y cualquier literatura que añade conocimiento al predicador.

Las herramientas existen en forma física y electrónica. Los medios electrónicos se dividen en dos categorías principales: Los programas de estudio y los equipos de trabajo. Este capítulo incluye aspectos interesantes de los medios electrónicos en la predicación. Si aprendes a usarlos ganarás tiempo en la organización de los materiales.

Concordancias de la Biblia

Existen varias concordancias de la Biblia. Muchos predicadores usan una Biblia con concordancia. Estas relacionan algunos versículos importantes, pero el aporte investigativo es limitado. Una concordancia buena es la *Concordancia Completa de la Biblia*, por William H. Sloan, contiene una organización amplia de la Biblia en versículos por palabras en orden alfabético.

Ahora los programas electrónicos son más eficientes, los versículos aparecen al instante. Lo importante es que encuentres rápido el versículo que te interesa consultar.

Existen dos maneras básicas de usar una concordancia: para encontrar con rapidez un versículo o para crear listas temáticas de versículos. Con ella localizas un texto o versículo de manera temática y reúnes versículos semejantes o afines. Las concordancias agilizan el trabajo de reunir los versículos necesarios.

La mejor opción es que adquieras una concordancia que satisfaga tus necesidades. Hoy en día las puedes encontrar en Internet: la *Nueva Concordancia Strong Exhaustiva* se consigue a precios aceptables, dependiendo del vendedor. Existen otras, pero con una buena es suficiente. Tal vez encuentres algunas gratis en formato electrónico en *PDF*. Existen concordancias electrónicas «gratis» y de pago en la red. Al final nada es gratis. Decide el precio que deseas pagar al proveedor.

La cuestión es que consigas una herramienta completa que sea útil a tu trabajo como predicador. No pretendas hacer un buen trabajo si no dispones del conocimiento y de las herramientas necesarias.

Desde mi computador portátil realizo casi cualquier investigación; pero ese es un tema que veremos más adelante. Una de las herramientas principales de un predicador es un buen diccionario bíblico.

Diccionarios bíblicos
Los diccionarios bíblicos son una de las herramientas más importantes del predicador. Los encuentras de muchos tamaños y profundidad. Investiga cuáles son los más respetados. No es necesario que corras detrás de un montón de diccionarios. A veces es suficiente con uno bueno.

Los diccionarios apenas comentan asuntos que crean controversia. Su función es mostrar el significado y origen de las palabras, raíces verbales, datos acerca de determinados personajes, antecedentes históricos de países, ciudades antiguas, territorios ricos en acontecimientos de interés bíblico, guerras acaecidas y un sinfín de acontecimientos sociales relacionados con los tiempos bíblicos.

El diccionario bíblico ayuda a esclarecer el origen de las palabras y sus significados; aunque, si buscas sustantivos, además contribuyen con datos históricos oportunos, costumbres sociales, asuntos culturales, diferencias religiosas, etc. Depende del tema que busques. Son herramientas muy útiles al predicador. Para algunos, la más necesaria.

Uno fácil de conseguir es el: *Vine: Diccionario Expositivo de Palabras del Antiguo y del Nuevo Testamento*, aparece en la red en modo electrónico. Pero si buscas encontrarás otras opciones.

Usa el diccionario como la primera herramienta de tu estudio; con su ayuda interpretas y defines los aspectos centrales del bosquejo del sermón. Elige uno que te guste o colecciona algunos de ellos. Compara resultados entre uno y otro.

Comentarios bíblicos

Cuando mi padre aceptó el Evangelio quería interpretar la Biblia correctamente. Preguntó al pastor de la iglesia cómo hacerlo y este le dijo que había comentarios bíblicos que ayudaban a la interpretación del texto sagrado. Así que visitó la mejor librería que encontró y pidió un comentario bíblico. El encargado le preguntó:

—¿De qué religión lo quiere?

—¿Qué tiene que ver la religión?

—Hombre, cada religión tiene lo suyo —dijo.

—Pues si eso es así no quiero ninguno, lo que necesito es un libro que explique la Biblia tal cual es, sin que medien las interpretaciones religiosas.

—Lo siento.

El librero lo dejó parado ante el mostrador y él desistió de tener un comentario bíblico.

Los comentarios bíblicos son una de las herramientas principales del predicador; pero existen muchos tipos de ellos. Mucha gente ha comentado la Biblia y publicado ideas personales, bien fundamentadas o no; por eso debes ser selectivo.

Un profesor dijo en clase que, solo de Juan, se han escrito más de cuatro mil comentarios. ¡Solo de Juan! Cada autor interpreta lo mejor que puede o de acuerdo con la luz que recibió.

Existen comentaristas aficionados y profesionales. Es posible que te cueste definir si un comentario es de autoridad o no. Cada uno de estos libros representa la opinión del autor o autores que lo escribieron. Los comentarios tienen dos líneas principales de documentación: la informativa y la interpretativa.

Como los diccionarios, trasmiten información histórica, geográfica, social, cultural, fechas de eventos, significados de palabras y otros datos; y los conceptos interpretativos del autor. En cuanto a lo primero son bastante exactos, en lo segundo depende de la línea de pensamiento del intérprete.

Hace tiempo alguien contó un relato que parecía insólito.

Narró la historia de un escritor famoso que escribía la historia del mundo. Pasaba la mayor parte del tiempo ante su escritorio, cerca de una ventana, que desde el piso alto en que se encontraba, le permitía mirar a la calle de vez en cuando.

Un día, mientras escribía, oyó como los vecinos se aglomeraban frente al edificio y hablaban y gritaban cada vez más alto. El vocerío llegó a tal magnitud que no pudo más, colocó los pliegos de papel a un lado del escritorio y se asomó por la ventana. Dos hombres peleaban entre sí.

Vio como uno mató al otro a puñaladas. Enseguida su criado, que había estado entre el bullicio callejero, subió a contarle a su señor lo que acababa de suceder. Entró corriendo a la habitación y dijo a su patrón:

—Mataron a Juan.

—Lo vi desde la ventana.

—Seguro vio como Juan agredió a Pedro y este lo mató en defensa propia.

—No vi eso, Pedro mató a Juan sin motivo alguno.

—No señor, eso no fue así, yo estaba ahí.

—Yo también lo vi desde esta ventana.

Como no se ponían de acuerdo, bajaron a la calle a verificar con otros testigos del hecho y los vecinos le dieron la razón al siervo. El escritor subió las escaleras cabizbajo. Fue al escritorio, tomó el montón de pliegos de papel que había escrito y descendió a la calle.

Llamó al siervo, y en presencia de los vecinos le dijo:

—Si no soy capaz de interpretar correctamente lo que acabo de ver con mis ojos, no puedo escribir la historia del mundo sin haber visto nada.

—Señor, qué va a hacer con ese libro.

—Quemarlo.

—Se volvió loco.

—No, pero soy un hombre honesto.

En presencia de todos quemó la obra de su vida.

Ten cuidado cuando investigas asuntos doctrinales. En la interpretación de los hechos es donde radican las diferencias. Por eso es bueno que consultes a los comentaristas más aceptados en el mundo cristiano. Esta es una de las causas por la que no es bueno que leas comentarios de otros antes de que construyas el bosquejo de tu sermón. Es fácil que te desvíes del pensamiento original si no tienes una base interpretativa sólida.

Un buen comentador bíblico no es dogmático. El intérprete, o intérpretes, dice o exponen las diferentes posiciones de un mismo texto. Dicen: «Creemos esto, pero existen esta y aquella interpretación». El estudiante percibe cuando el investigador es sincero en lo que dice.

Una de las virtudes de un investigador serio es aceptar que él no lo sabe todo. Deja espacio para que otros opinen. Aun cuando está convencido de lo que cree, acepta el derecho de los demás a disentir.

El investigador serio es crítico. No es lo mismo crítico que criticón. Ser crítico es aprender a discriminar con respeto entre lo que creemos y lo que opinan los demás. El objetivo del predicador no es juzgar un comentario determinado, sino aprender y documentar su sermón. Centra la atención en los datos que necesita conocer.

Vas al comentario bíblico, buscas lo que necesitas, examinas la opinión de otros autores y confirmas la veracidad de la búsqueda. El objetivo fundamental no es que incluyas en el sermón todo lo que otros han dicho; sino, que corrobores que no estás equivocado en tus planteamientos, y quizá utilices algunos datos que parezcan relevantes a tu punto de vista.

Los medios electrónicos

Hoy en día lo más práctico es aprender a manejar los medios electrónicos. La variedad existente es grande. Cuando digo medios electrónicos me refiero a equipos y programas. En una computadora puedes tener la biblioteca más grande que jamás hayas imaginado. Puedes llevarla contigo a donde vayas, y con poco dinero y unos cuantos clics puedes tener a tu alcance distintas versiones de la Biblia, comentarios bíblicos, diccionarios bíblicos, concordancias de la Biblia y cientos de libros. Mientras escribes tu bosquejo usas todo ese material con otros pocos clics. Ahorras mucho tiempo.

La computadora.
Hace años escribía los sermones con un bolígrafo sobre hojas de papel blanco, a veces amarillento, porque no tenía otro. Vivía en Cuba. Pero aspiraba a más. Un día pasé por una calle y vi a un hombre en el portal de su casa que vendía una máquina de escribir. Era una *Remington* de hierro macizo fundido. Tenía un aspecto esquelético y pesaba un montón de libras. No tenía la «Ñ», ni acentos, porque era inglesa; el hombre me dijo: «Ella no habla español, pero se puede adaptar, hay mecánicos que le adaptan la Ñ y el acento, aquí se hace de todo».

Por el aspecto, tal vez era una de las primeras que fabricaron. En Cuba se vive en un pasado que parece la última modernidad, por lo que no me percaté de que aquel artefacto tal vez era una antigüedad valiosa.

Como quería progresar, después de un breve regateo la compré por $30.00 pesos cubanos. Una pequeña suma que en Cuba era mucho dinero. Más me costó cargar con ella y aprender a usarla. La usé varios años, pero el deseo de mejorar me llevó a la computadora.

Tal vez pienses que no sabes operar una computadora. No te aflijas. La primera vez que vi una computadora fue en 1995. Vivía en Cuba. Había sido nombrado a un puesto de oficina.

Escribíamos a mano. En la oficina había tres o cuatro máquinas viejas de escribir, pero eran para las secretarias. No era fácil que autorizaran usarlas para otro fin ni siquiera para escribir un sermón. Las habían deificado. En Cuba cualquier traste es un tesoro. Eran relicarios en pleno uso.

Pero ese año una organización cristiana de Estados Unidos donó una computadora para las secretarias. Era una *PC 386* de mesa. Una computadora para que las cinco o seis secretarias la usaran durante las ocho horas de trabajo.

Una mañana vi la máquina sobre el buró de la secretaria del presidente. Los empleados la rodeaban como si hubiera aterrizado un ovni. Nadie se atrevía a conectarla a la electricidad. Había que esperar que llegara un técnico que el presidente había contratado para que enseñara cómo usarla. Fue un día improductivo en la oficina.

No se hablaba de otro asunto. La gente abandonaba cualquier

responsabilidad con tal de contemplar el inerte aparato que habían reemplazado en Estados Unidos y trasladado a Cuba. Dos días después llegó el técnico. Trabajaba para el gobierno, el único que tenía acceso a los medios electrónicos en el país. En diez minutos ensambló las partes, conectó una pequeña impresora que venía con la PC, y enchufó los cables a la electricidad y se hizo la luz. La pantalla visualizó las primeras imágenes y cargó *Word*. El técnico comenzó la primera lección.

No cabíamos en la oficina, pero alguien se asomó al recinto y dijo: «Las clases son para las secretarias». Así que salí del local antes que me expulsaran.

Llamé al técnico aparte y le dije que deseaba aprender computación. Mi idea era pagarle por las clases, pero me dijo: «La computación es una tontería, estos equipos y programas están diseñados para que aprendas solo. Quédate por ahí, cuando termine con ellas te voy a enseñar cómo se maneja y dónde encontrar las ayudas de *Word*. En esto el éxito se mide en horas sentado frente al equipo. Es pura práctica».

A los pocos días en la oficina habían arrinconado las viejas máquinas de escribir y las secretarias reservaban turnos para realizar sus tareas. El trabajo estaba casi paralizado. Comprendí que no se puede depender de lo ajeno, y que estos medios son personales.

En esos días viajé a Estados Unidos y conseguí mi primera computadora. Una máquina nueva. La compré en piezas y logré que la aduana cubana autorizara su entrada a Cuba. Luego pagué a un técnico para que la ensamblara. Era una *PC 486 DX4* de mesa. Con ella inicié mi experiencia con los medios electrónicos. Desde entonces he tenido varios equipos de computación.

Consigue una computadora, aunque sea de segunda mano. Hoy en día es una herramienta indispensable para el predicador. En la mayoría de los centros de estudio no admiten trabajos escritos a mano. Debes aprender a manejar un procesador de texto, existen varios, pero el más popular es *Word*.

Si puedes adquirir un equipo nuevo felicidades, de lo contrario, no te aflijas; de segunda mano también te puede dar buenos resultados. Lo importante es que avances en tu propósito de ser un predicador de éxito.

No le caigas detrás a las marcas. Compra la que esté a tu alcance y que satisfaga tus necesidades. No inviertas demasiado si no vas a producir dinero. Hoy en día el tiempo promedio de modernidad de los equipos electrónicos es de seis a 18 meses. Enseguida están obsoletos. Sacan otros mejores o más atractivos. Pero esto es un asunto del mercado. Lo que importa es que cualquier equipo cumple sus funciones durante muchos años.

No entres en la competencia o te arruinarás y no serás feliz. Compra lo que esté a tu alcance.

La mejor computadora para un predicador es una *portátil*. El predicador es un trabajador ambulante. Unas veces está en un lugar y otras va a otro. Imagina que puedes moverte con tu equipo y una biblioteca de cientos de ejemplares de libros electrónicos; que donde quiera que llegas la usas sin moverte a otro sitio. Trabajas en aeropuertos, en aviones en pleno vuelo, en el transporte público, en los hoteles donde te hospedas, en iglesias a las que asistes, etc.

Hoy en día casi todos los lugares tienen donde conectar un portátil. La cuestión es empezar por algo. Empieza y aprende solo. Cuando tengas una duda, si no tienes a quién preguntar, pregúntale a *Google* o a *YouTube*.

Los programas digitales

La investigación bíblica tiene al alcance muchos programas digitales. Estos contienen comentarios bíblicos, diccionarios bíblicos, concordancias de la Biblia y versiones de la Biblia en distintos idiomas. También los hay de pago y gratuitos. Uno de los más populares es el *Software Bíblico Logos*. Contiene una biblioteca completa. Es de pago. Pero existen otros gratuitos.

Uno de los más comunes es *My e-Sword Bible*; es gratuito, lo puedes tener en la computadora, en una tableta y hasta en el teléfono. Puedes cambiarlo a tu idioma preferido. *My e-Sword* tiene una colección de biblias, comentarios y diccionarios. Es práctico, ahorra mucho tiempo y contiene buena información.

También puedes encontrar la *Biblioteca Cristiana Adventista 2011*. Esta contiene el comentario bíblico, el diccionario, la *Biblia*

Reina Valera de 1960 y una biblioteca espiritual. Lo importante es que consigas herramientas para trabajar. Después aprenderás a manejarlas.

Aprendes a usarlos usándolos. Investiga por ti mismo, al inicio te parecerá imposible, pero con el tiempo verás el progreso. Existen pequeñas diferencias de un programa a otro, pero descubrirás que funcionan de modo parecido: los comandos cambian de forma y de lugar, pero al final realizan tareas semejantes. Lo primero que debes hacer cuando adquieres un programa nuevo es buscar la ayuda.

Antes de usarlo trata de comprender cómo funciona. Acciona los distintos comandos que encuentres y descubre cómo trabajan y qué obtienes de cada uno de ellos. Hazte una idea general de cómo funciona. Es fácil. No trabajes hasta que sepas cómo usarlo y qué hace cada comando. Es como manejar un auto nuevo.

Cuando compras un auto nuevo, o nuevo en tus manos; a menos que quieras tener un accidente, no te montas y sales disparado a la vía pública. Primero lees el manual del fabricante y antes de salir pruebas el vehículo lo mejor que puedes.

Cuando era niño escuché la historia de un hombre del pueblo que quería manejar una motocicleta. Soñaba con montar una, pero era pobre y no la podía tener. Un día, en un juego de béisbol, vio a un amigo con una motocicleta. El juego era en el campo, en un potrero, y dijo al amigo:

—Déjame dar un paseo en tu moto.

—¿Sabes manejar moto? —preguntó el amigo.

—Es como montar bicicleta, yo monto bicicleta —dijo.

El amigo le prestó la moto. El hombre agarró la máquina por los manubrios, la llevó hasta el cuadro de jugar béisbol, le dio una patada hacia abajo a la palanca de arranque y el aparato funcionó. Enseguida cruzó la pierna sobre el asiento, se sentó lo mejor que pudo, se aferró a las manivelas, puso las velocidades con el pie derecho y giró la manivela y salió disparado. Nunca se supo en qué velocidad partió.

Empezó a girar alrededor del cuadro de béisbol. Al principio la gente no le dio importancia, pero a medida que aceleraba ampliaba el círculo en el que giraba alrededor del diamante. Cada vez se arrimaba más a la cerca, una valla de alambre de púas grapada a un seto vivo de arbustos de monte. Los espectadores esperaban lo peor.

Unos reían y otros gritaban: «para…, para…, para…». Pero el motociclista no encontraba el freno. Gritaba: «busquen una soga, tírenme un lazo, enlácenme, tírenme un lazo, paren esto… Me mato…». A pesar de la movilización no llegaron a tiempo. El manubrio rozó con la cerca y cayó al suelo revolcado en el aparato.

Existen dos extremos: los que creen que lo saben todo y quienes piensan que nunca aprenderán. Piensa que todo es posible, pero que debes aprender. La Biblia dice: «*Al que cree, todo le es posible*» (Marcos 9:23), «*Sin fe es imposible agradar a Dios*» (Hebreos 11:6).

> *La vida es progreso. No te conformes con lo que eres. Mira lejos y avanza por fe.*

Si manejas la computadora y aprendes algunos programas de investigación, puedes completar tu equipo de predicador con una tableta electrónica.

Las tabletas electrónicas

En el mercado existen muchos tipos de tabletas electrónicas. Tal vez la más popular es el *iPad*, y la más costosa, pero hay distintas marcas y modelos. Muchos las usan como juguete y otros para leer libros electrónicos. Pero el uso de las tabletas es más amplio.

Las tabletas también tienen un programa de procesamiento de texto: *Pages*, *Word* o cualquier otro. Depende de la marca. En ella puedes tener una biblioteca electrónica, escribir tus sermones, guardarlos en carpetas por categorías y predicarlos desde la tableta. Constituyen una herramienta importante para el predicador. Eliminan el papel.

A veces los oyentes se distraen con el modo convencional tratando de saber cuántas hojas de papel le quedan al predicador sobre el púlpito.

Con la tableta sustituyes los papeles por documentos electrónicos, eliminas la papelería del escritorio o archivo, y del púlpito. Los papeles se extravían, se ajan y el tiempo los vuelve amarillos y quebradizos. Después del tiempo no son funcionales. A veces confunden al predicador.

Los sermones en papel son difíciles de modificar, terminas rayando párrafos, garabateando papel y al final los escribes otra vez. A veces te solicitan una predicación y no la tienes a mano, ni siquiera recuerdas dónde la guardaste. Es difícil cargar con un maletín repleto de libros y papeles. Guardar papeles se ha convertido en un trabajo tedioso y poco productivo.

Puedes escribir tus bosquejos en el procesador de texto de la tableta. En ella accedes a la biblioteca, estudias la Biblia, investigas los comentarios bíblicos, consultas los diccionarios, buscas versículos en las concordancias y copias las citaciones que necesitas. No requieres computadora; incluso, existen teclados que puedes acoplar a la tableta y funciona como un computador portátil. Lo que necesitas es práctica.

El éxito está en la organización. Compras libros y los guardas en *Play Libros*, *Amazon Kindle* o en *iBooks*. Existen otros, pero estos son de los más populares; porque *Amazon*, *Google* y *iTunes* contienen tres de las principales librerías del mundo. Elige los que consideres necesarios. Los libros digitales están en alza.

El libro de papel sigue siendo una buena opción, pero existen razones para que compres libros electrónicos. Los libros electrónicos los obtienes en el instante con un clic, son mucho más baratos, no ocupan espacio en estantes y los puedes llevar contigo a donde vayas. En la red también existen millones de documentos electrónicos en *PDF* y otros formatos electrónicos que puedes conseguir y guardar en una tableta.

Además, puedes crear carpetas y guardar los libros y materiales por tema. Asimismo, existen cientos de libros que tienen aplicaciones que bajas gratuitas o de pago en *Google, Play Libros,* y en *Apple Store*: biblias, comentarios bíblicos, diccionarios y cualquier literatura que necesites.

El éxito está en el nivel de organización que apliques a los distintos programas y documentos. Como todas las cosas que triunfan, tu capacidad de poner orden en lo que haces es la base del triunfo. Muchas de estas ventajas las puedes tener, incluso, en el teléfono.

También puedes disfrutar de la sincronización de equipos. Si tienes un *iPad*, una tableta de *Google* y un teléfono inteligente, puedes leer desde cualquiera de ellos el mismo libro. Obtienes el libro en *Kindle* o *Play Libros* y lo empiezas a leer, luego lo cierras y cambias de actividad. En cualquier momento posterior abres otro de los equipos en el mismo sitio o en un lugar distinto, buscas el libro que leías en otro dispositivo, lo abres, y el nuevo equipo te pregunta: «¿Deseas continuar leyendo donde lo dejaste o quieres iniciar en una página nueva?». Le dices que deseas continuar la lectura y te lleva a la página donde leíste la última vez en el equipo anterior.

La tableta es una herramienta formidable para el predicador. Organizas tu biblioteca, lees y subrayas libros, preparas y guardas tus sermones, y los predicas desde la tableta sin imprimirlos en papel.

Aunque si deseas imprimirlos, porque eres adicto al papel o porque deseas regalar una copia, con un par de clics los pasas a la impresora. Si la impresora es buena no necesitas cable para imprimir. Y no es lo único que puedes hacer con una tableta.

Con la tableta tomas fotografías, las editas si tienes un editor de imagen y las guardas en ella. También grabas los sermones y los editas si tienes un editor de audio.

Existen programas profesionales de grabación de audio que se consiguen por tres o cuatro dólares. Puedes grabar con el micrófono del equipo, aunque queda mejor con un *Bluetooth* o con un micrófono de solapa. Son baratos y graban con bastante calidad. El resto es edición. Pero dónde guardar los datos cuando se acaba el espacio del equipo.

Las nubes

Hoy en día existen las nubes electrónicas. Algunos viven en las nubes. Es real. Ya no es ofensivo que te lo digan. Es un sistema informático de Internet, que funciona en servidores remotos, que gestionan servicios de información y aplicaciones.

Algunas nubes son *OneDrive*, *iCloud*, *Dropbox*, etc. Las manejan empresas que se dedican al negocio de la información. El firmamento digital está nublado todo el tiempo.

Los consumidores utilizan aplicaciones que permiten almacenar información fuera de sus ordenadores. Y pueden adquirir capacidad de almacenamiento a bajo costo. La mayoría permite acceso gratis a una cuota permanente entre cinco y nueve *Gigabytes*. Si quieres usar más capacidad tienes que comprar espacio. La cuota mensual es económica. La nube tiene ventajas y desventajas.

Ventajas: puedes guardar mucho volumen de información fuera de tu disco duro, accedes a esa información desde cualquier equipo y en cualquier lugar geográfico que haya conexión a Internet; si tu equipo sufre un daño, o te lo roban, no pierdes la información. Tu material está protegido contra catástrofes y descuidos.

Con el teléfono accedes a tus sermones en cualquier lugar donde haya señal. Siempre estás listo para predicar. Parece mentira.

Desventajas: almacenas tu información en un servidor ajeno, existen lugares donde no te puedes conectar; y por otro lado, los piratas cibernéticos pueden robar o dañar la información. Si son sermones, y son buenos, y te los roban, tal vez los ladrones se conviertan y no roben más. Te anotas una.

Si no te agradan las nubes compra discos duros de mucha capacidad. Han bajado de precio. Te aconsejo que no pongas todos los huevos en una misma cesta. Los discos duros son frágiles. Es mejor que repliques la misma información en distintos dispositivos. Es cuestión de elección, pero mejor es precaver que lamentar.

Los que pueden comprar una vivienda a su gusto, no alquilan una casa; pero los que tienen mucho dinero prefieren alquilar. A veces tomas decisiones porque es el modo que tienes de resolver tu problema. Es bueno conocer distintas vías para hacer las cosas que necesitamos. Son ideas, tómalas como creas conveniente.

Estas son algunas de las herramientas del predicador. Tal vez las más importantes. Depende del gusto y de las posibilidades de cada cual. Una vez que adquirimos las herramientas lo que queda es la búsqueda de información.

Búsqueda de información

La palabra información, como cualquier otra, es abstracta. Ella sola no dice mucho. Depende del sentido en que la uses y de lo que buscas. Para buscar algo hay que conocerlo, si no lo conoces es difícil que lo encuentres.

Un especialista en limpieza se quejaba de un empleado que dejaba basura sin recoger. «Es joven, tiene buena vista, deja la basura porque quiere, lo hace para dañar la empresa» —dijo. «No creo, es una buena persona, probablemente su concepto de basura no es el mismo tuyo, enséñale lo que es basura» —dije. Tenías razón —dijo al tiempo.

Einstein dijo algunas frases interesantes sobre la mente: «La mente es como un paracaídas… Solo funciona si la tenemos abierta», «Todos somos muy ignorantes. Lo que ocurre es que no todos ignoramos las mismas cosas», «Toda la ciencia no es más que un refinamiento del pensamiento cotidiano», «Lo importante es no dejar de hacerse preguntas», «La imaginación es más importante que el conocimiento» y «La creatividad es la inteligencia divirtiéndose» (*www.muyhistoria.es/articulo/quincefrasesde, 2018*).

La búsqueda de datos requiere imaginación. Desarrolla un pensamiento intuitivo.

La creatividad es la cualidad más importante del cerebro humano —dijo Einstein. Decía que «la creatividad es el fruto de la inteligencia emocional».

Tu cerebro puede ser una grabadora profesional, grabar miles de gigas de información por minuto, archivarla por toda una vida y reproducirla con exactitud cuando la necesites; pero si solo puedes hacer eso, no crearás muchas cosas que valgan la pena. Investigar es imaginar algo y tratar de encontrarlo. Creas cuando conviertes en realidad tus imaginaciones.

Investigación bibliográfica

Consulta bibliográfica es cuando examinas lo que otros autores han dicho sobre tu tema. No consigas una serie de citaciones para cortarlas de su matriz y pegarlas en el tema, lo que tal vez necesitas es conocer opiniones de autores; no lo confundas con la exégesis que hiciste.

Documentaste el sermón cuando hiciste la exégesis y le añadiste los detalles relacionados con el texto bíblico base.

La documentación trata de resolver los interrogantes que rondan el texto. Sitúa el sermón en un ambiente real, creíble, cultural, religioso e histórico. Es la exégesis que realizaste del texto. Esta otra información es secundaria, si quieres actualizarte más.

Reglas de derecho de autor
Con la presencia generalizada de Internet el uso de contenido se ha vuelto simple. Puedes entrar a la red y tomar lo que te interesa. Es sencillo. Casi cualquier tema está documentado en ella. Escribes un par de palabras y ya estás en la pista de lo que necesitas. A menos que sepas usarlo, no es una buena idea. Copiar de los demás puede perjudicarte. Caes en el facilismo. No favorece el desarrollo de tus aptitudes investigativas. Nunca lo ajeno sabe igual que lo propio y tienes que memorizar hasta el dato más insignificante que encuentres.

No tienes que memorizar tu creación, basta que la digas, porque es tuya y la dominas, es tu hija, la conoces bien; el producto ajeno es el que cuesta esfuerzo para que parezca propio, es difícil aprender conceptos de otros, puede ser aburrido. Cuídate del plagio.

Los oyentes notan cuando imitas a alguien. Un refrán dice: «Es mejor que seas un mal tú, que un buen otro».

Pero, por encima de todo esto, usar materiales ajenos puede convertirse en plagio; y el plagio es un delito.

Un día un pastor dirigente visitó la iglesia de uno de sus pastores jóvenes. En el camerino de la iglesia el dirigente dijo al anciano la lectura bíblica que leerían y los himnos que debía cantar la congregación. El pastor joven dijo:

—Pastor, de qué va a hablar.

—No te preocupes, pronto lo vas a saber.

El anciano organizó la comitiva de adoración, repasó las responsabilidades con los participantes y ordenó al director de música pasar al templo e interpretar la música para la aparición pública del séquito pastoral. Cuando caminaban hacia la puerta de entrada al altar, el anfitrión dijo a su jefe:

—Pastor, de qué trata su tema.

—No te preocupes, pronto lo sabrás.

El culto parecía normal. Un anciano se levantó de la butaca y leyó: «*Y dijo Jehová: Raeré de sobre la faz de la tierra a los hombres que he creado, desde el hombre hasta la bestia, y hasta el reptil y las aves del cielo; pues me arrepiento de haberlos hecho*» (Génesis 6:7). Oraron de rodillas y se sentaron.

Al lado del dirigente estaba el pastor anfitrión. Los nervios no lo dejaban estarse quieto. Tocó al jefe en el hombro y le preguntó:

—¿Usted va a predicar el sermón del diluvio que predicó en la reunión?

—Sí, que tiene de malo.

—Que cuando usted lo predicó lo copié y lo prediqué aquí hace una semana.

—No… Muchacho… No puede ser eso... Cómo tú haces una cosa así. Deja ver cómo arreglo esto ahora.

—Lo siento pastor, yo no sabía que iba a suceder esto ahora.

—Que Dios me ayude, ora por mí.

Después del canto especial el presidente se colocó detrás del púlpito, saludó a la congregación, abrió la Biblia, y dijo:

—La semana pasada el pastor de ustedes les predicó: *Diluvio I*; hoy yo predicaré: *Diluvio II*.

Y es cierto, los imitadores rara vez lo hacen bien.

Existen maneras legales y honestas de actuar bien. Si copiaste el sermón dilo a los oyentes y menciona el nombre del autor, la gente aplaudirá tu honestidad; cuando citas a otro autor acredita la cita, escríbela entre comillas y di dónde la encontraste. Eso te librará de hacer el ridículo y quedar como un predicador deshonesto. Usa ideas ajenas, pero dale el crédito al autor.

Copias los textos bíblicos entre comillas y al final escribes el capítulo y el versículo entre paréntesis. Has así mismo con las citaciones de autor: escribe la frase, oración o texto entre comillas, y al final escribe entre paréntesis el nombre del autor, el título del libro, el año de publicación y la página de la cita. Cuando citas más de dos o tres palabras de otro autor las debes escribir entre comillas. Acredita la citación. Si parafraseas a otro autor debes acreditar la cita. Esto es básico.

En las universidades existen manuales complicados que registran múltiples estilos y decenas de reglas para citar correctamente a un autor. Hasta existen programas computarizados que pueden determinar si tu investigación contiene plagio; que puede cometerse, incluso, sin intención. Este es uno de los factores por los que debes usar la Biblia sola al crear la base de tu sermón. El otro es la originalidad, asunto relacionado con el anterior.

Inclusión de datos

Un sermón no es una retahíla de datos enlazados por el autor. Los sermones están en la Biblia, viven en ella y solo tienes que encontrarlos. Están ahí delante de ti. Bosquejas un texto bíblico, descubres en él un sermón y le haces el bosquejo, después lo documentas. Así de sencillo es cuando pones en práctica el método correcto.

Documentar es contestar las interrogantes del texto y buscar lo que otros han dicho sobre él. Ya sabes cómo citar a otros autores; pero sé moderado al incluir pensamiento ajeno. Sé tú mismo.

Contenido del sermón

La información no es el contenido de tu sermón; sino el tema que bosquejaste en la investigación textual. La documentación aporta el follaje que hace creíble tu punto de vista. En un sermón no se puede decir mucho, por eso es importante que domines el arte de crear series de temas.

Las series son buenas porque otorgan la posibilidad de distribuir los argumentos a lo largo del tiempo. Organizas la información, la racionas y la distribuyes en la serie. Para eso aprendiste a bosquejar.

El bosquejo es la columna vertebral de un cuerpo descarnado. La carne, la piel y todo lo demás, lo colocas parado detrás del púlpito. En presencia del auditorio.

Por eso predicar es un arte. El auditorio es testigo ocular de una buena parte de la construcción del sermón. Los oyentes presencian como conviertes el esqueleto en un cuerpo viviente, le das vida y lo vistes y hasta lo adornas. A menos que lleves un sermón escrito y lo leas.

Los discursos leídos son piezas literarias formales para ocasiones específicas. El sermón es otra cosa, trasmite una vida que rara vez surge de la lectura de un panfleto. Claro, si no eres capaz de predicar un sermón, por lo menos lee el folleto que escribiste;

pero, mientras dependas de la lectura no serás un predicador de poder. Nadie atado puede caminar sin inspirar lástima. Logras predicar con poder cuando tu bagaje intelectual crece y te pones en las manos de Dios. Entonces te liberas de las ataduras, el Espíritu controla tu mente y las palabras fluyen sin obstáculo. Creas a partir de un simple bosquejo.

El bagaje del predicador

Después de horas de estudio puedes pensar: «He perdido el tiempo, tanto trabajo y empleé en el sermón una mínima parte del material conseguido». Si te ocurre eso alégrate, vas a tener éxito. Recuerda: «Para que el predicador tenga confianza en sí mismo, su predicación debe representar el diez por ciento de lo que sabe sobre el asunto».

No se puede medir cuánto sabes, pero es una manera de decir que si quieres hablar con poder tu conocimiento del tema debe superar diez a uno la cantidad de argumentos que presentas en el sermón. Es la manera como el predicador cultiva la confianza en Dios y en sí mismo.

El predicador debe tener de donde sacar los argumentos adicionales que necesita. Si alguien pregunta más del tema, debes poder responder con autoridad. Además, si olvidas un argumento, debes poder sustituirlo por otro.

Muchas veces el Espíritu conduce al predicador por una senda distinta a la que había planeado. Es la manera como la voluntad divina lo guía más allá de la cámara privada donde oró a Dios por sabiduría, estudió la Biblia, meditó en lo aprendido y preparó el bosquejo.

Puedes predicar una serie diez veces en distintos lugares. Si grabas los sermones, compruebas que no repetiste el mismo argumento en cada lugar donde predicaste. El cerebro se niega a repetir los argumentos tal como los registra, busca la variedad.

La repetición es un acto preconcebido por el autor, impuesto por las circunstancias o auto impuesto para lograr un objetivo determinado. No puedes pasar la vida memorizando cada palabra de tu sermón. Hasta el propio auditorio, inconsciente, te empuja a crear nuevas formas desde los mismos puntos de vista.

Recuerda las frases de Einstein: «La imaginación es más importante que el conocimiento» y «La creatividad es la inteligencia divirtiéndose». Necesitas ser creativo y conseguir tu propio estilo y argumentos.

No te entristezcas ni te sientas menos si no logras crear en público. Lo que importa es que lo intentes. La práctica hace el hábito.

La repetición condiciona los reflejos. Tal vez una de las principales funciones cerebrales sea la automatización.

Piensa en cuantas tareas realizas de modo automático, sin pensar en ellas. A veces piensas que la paciencia y la postergación te ayudarán a lograrlo. No es así. Si deseas predicar con poder, predica hasta que lo logres. Lo esencial es la práctica.

Se cuenta que un periodista preguntó a un niño patinador:

—Cómo lograste patinar tan bien.

—Levatándome cada vez que me caía —dijo.

Cuando era niño quería montar bicicleta. Si no hubiera visto antes a tantas personas trasladándose suspendidas entre dos ruedas alineadas una detrás de la otra, no lo hubiera creído posible.

Monté sobre la bicicleta y un amigo sujetaba la parte de atrás del vehículo y procuraba equilibrarla para que no me cayera sobre el terraplén repleto de baches desbordados de agua. Me empujaba sin soltarme y con un terror pánico a que me cayera. Otros habían caído y tenían rasponazos en las rodillas y en los brazos. No avanzaba en el aprendizaje.

Un día apareció un primo. Un joven alto y fuerte. Me dijo:

—Arriba, sube a la bicicleta.

Subí y sentí como agarró la bicicleta y echó a correr por el terraplén. Mientras él aumentaba la velocidad yo gritaba:

—Cuidado…, cuidado…, más despacio…, me vas a tumbar.

No hizo caso, imprimió más velocidad al vehículo. La bicicleta perdió el peso que antes me tumbaba. O lo hacía bien o caía al suelo. Sin pensarlo controlé el manubrio mientras giraba los pedales con los pies. Me parecía que flotaba sobre el terraplén mientras sorteaba lo baches llenos de agua y fango. Un pensamiento fugaz me asaltó: «casi que me atrevo a conducir solo».

Cuando llegamos al final del trayecto él estaba sofocado. Reso-

plaba. Con la voz entrecortada dijo:
—Sabes una cosa, la mayor parte del tiempo manejaste solo.
—No lo creo. Solo... No es posible. No sé manejar la bicicleta —pensé.
—El último tramo corrí para alcanzarte» —dijo.
Si lo llego a saber antes habría terminado en el suelo —pensé.
Después de eso el resto fue fácil. Es el método que uso para enseñar a otros a montar bicicleta. Hace poco enseñé a una nieta a pedalear sin caerse. En unos minutos andaba sola en su bicicleta. Quedó sorprendida. No lo había logrado antes.

El bagaje del predicador tiene un uso continuo. Es el salvavidas en los momentos difíciles. Garantiza el aplomo y el dominio ante las circunstancias. Es la fuente de donde se nutre la creatividad. Dios lo ilumina para que encuentre lo que sabe.

Lo que ocurre al predicador es iluminación. El Espíritu Santo cumple la promesa de Jesús y te recuerda lo que has estudiado. Dios ilumina tus conocimientos para que tu cerebro se deleite en crear. Pero el tamaño de tu linterna influye.

La linterna del predicador es su preparación. Cuanto más te preparas, mejor te ilumina el Espíritu Santo. Él ilumina sobre las cosas reveladas para que veas detalles que nunca has visto.

La revelación va más allá de la iluminación. Es cuando el profeta recibe visiones y sueños sobre asuntos que no conoce; y que, incluso, a veces ni siquiera ha escuchado que existen.

A veces confundimos inspiración con iluminación. Es poco probable que improvises. El Espíritu Santo te ilumina. Las palabras brotan de tu boca como el agua de una cascada se desliza entre las piedras y corre aguas abajo hacia el cauce del río que la lleva al mar.

Eso que hoy conoces como improvisación, probablemente no lo es. El predicador improvisa las formas discursivas cuando trae a colación parte del contenido guardado en su bagaje intelectual. Es difícil improvisar lo desconocido.

En lo desconocido la revelación sustituye a la iluminación. El predicador trasmite la voz de Dios. No es una improvisación, sino una comunicación del mensaje de otro, en este caso de Dios. Es inspiración profética. Pero la mayoría de los predicadores no somos profetas.

Muchos que no predican bien, creen que les falta técnica, pero lo que no tienen es algo que decir. Incrementa tu bagaje intelectual y verás los resultados. Cuando te llenes, lo exhalarás hasta por los poros. Llénate de Cristo y su Palabra y hablarás con poder. Te sobrará qué decir a la gente. Tendrás que dosificar lo que dices o te faltará tiempo.

Dosificación del contenido

Un refrán dice: «Tan malo es pasarse como no llegar». Es malo conocer poco, pero acumular demasiado conocimiento en un tema puede ser fatal. No importa cuán grande sea tu bagaje intelectual, dosifica el contenido de lo que dices.

No es bueno lanzarle al auditorio un alud de información que los sepulte sobre sus asientos. Como se ha dicho antes, la mayoría de la gente no asimila más de dos o tres ideas a la vez. No las recuerdan.

Existen dos maneras básicas de aburrir al público: la habladuría de lo intrascendente y la profusión de conocimiento. La charlatanería y la divagación en el contenido cansan al oyente y lo hacen huir. El exceso de conocimiento agobia el intelecto del auditorio.

No importa cuán serio sea lo que dices, la gente no aprende en unos minutos lo que has interiorizado durante años de estudio. Necesitan tiempo para asimilar lo que dices.

El predicador que no estudia inspira lástima y el que trata de enseñar demasiado de una vez produce rechazo. Al primero lo acusan de tonto y al segundo de engreído. Pero ambos corren el mismo riesgo. Fracasar.

Una vez escuchábamos a un predicador que se extendía más de lo debido. De repente un oyente le dijo al de al lado: «Vámonos, que este hombre habla hasta por los codos». Hablar en público requiere mesura. Un antiguo consejo dice: «Termina el sermón en su mejor momento. Es mejor que deseen escucharte otra vez, a que huyan porque los aburres». Dosifica el contenido. «Un sermón no tiene que ser eterno para que sea inolvidable» —dice otro refrán.

Dosificas el contenido cuando administras lo que sabes. Si les gustó tu predicación lo más probable es que vuelvan a solicitarte que les prediques. Si los nutres cada vez que los alimentas, desearán que vuelvas una y otra vez.

Cuando predicas muchas veces a una misma congregación, ellos crecen y tú también. A medida que compartes tu bagaje, necesitas incrementarlo. El crecimiento se vuelve recíproco: buscas para que ellos reciban, recibes cuando compartes con otros. Si dices demasiado de una vez, no te volverán a llamar; te estancarás. Te sobrará tiempo y conocimiento.

Las ilustraciones

Las ilustraciones son otro de los aspectos importantes en la predicación. Un profesor decía: «Las ilustraciones son como las ventanas de una casa: dejan penetrar la luz». Las ilustraciones, aparte de ilustrar, cambian las escenas e impiden el aburrimiento. El cine se ha especializado en el arte de la escenografía.

Las películas, los reportajes, las telenovelas y cualquier producto cinematográfico, proyectan un escenario variado y cambiante. Antes decían que las escenas podían extenderse hasta tres minutos, hoy en día los personajes interactúan con mayor rapidez. La vida actual es más rápida. Requiere más movimiento.

El predicador no debiera pasar más de tres minutos en un punto del sermón. Las explicaciones largas dan la impresión de atascamiento. La progresión imprime movimiento al sermón. Pero las ilustraciones facilitan un descanso en el progreso temático. Ayudan a reflexionar. Fijan las lecciones. Pero existen muchas clases de ilustraciones.

Ilustraciones bíblicas

Las ilustraciones bíblicas son buenas, probablemente las mejores. La Biblia está repleta de hechos y personajes útiles para corroborar tus argumentos. Lo mismo en un sentido que en otro. No importa que no sean nuevas; lo que interesa es el enfoque. Muchas veces el oyente se sorprende cuando descubre que existe otra visión de algo que él creía conocer bien. Para el verdadero predicador no está dicho todo sobre algo, él sabe que cada punto tiene muchas aristas y busca lo oculto hasta encontrarlo. Vivimos en un mundo tridimensional, la Biblia tiene muchas dimensiones y puntos de vista; porque viene de Dios y él es infinito. Busca la correlación entre distintos temas bíblicos. La Biblia es un todo, es un libro único. Cada tema está entretejido en los demás. Ilustra tu sermón con ejemplos de la propia Biblia.

Ilustraciones personales

Las ilustraciones personales son de las mejores. Lo que te sucedió es de primera mano. Es tu experiencia. Cada persona tiene su propia historia. Casi todos tienen algo interesante que contar, el secreto radica en cómo lo cuentas. La especialidad del cine es convertir lo irrelevante en el centro de atención de los demás.

Un cuadro atrae más que una foto. Cualquier persona con un teléfono en la mano toma una foto; pero no cualquiera pinta un cuadro. La foto contiene cada detalle de la imagen, es rutinaria, muchas veces ni quienes las toman las vuelven a mirar; en cambio, el pintor destaca en el lienzo lo que considera importante, el difuminado disuelve el resto en el fondo. La fotografía se convierte en arte cuando el fotógrafo imita al pintor y es capaz de resaltar lo central por encima de lo secundario; lo logra cuando desenfoca la lente y el fondo se desvanece. Lo consigue cuando destaca lo significativo y oculta lo irrelevante.

Las buenas ilustraciones no incluyen todo el relato. Extrae las partes que interesan al contenido del sermón y limita el relato. No es más que una ilustración. Contarlo todo toma tiempo y puede desviar el enfoque del tema.

La ilustración personal posee dos peligros básicos: el desvío de la atención hacia el predicador y un enfoque de mal gusto a los oyentes. Si haces demasiado énfasis en lo que te ocurrió, y te extiendes más de lo necesario, el oyente puede perder el hilo del sermón; lo segundo ocurre cuando el predicador se pone de modelo.

La audiencia se divierte si le dices que te tomaron el pelo de tonto, que te estafaron y hasta que te golpearon casi hasta la muerte. Los oyentes aceptan que les cuentes como venciste una prueba o cómo Dios te contestó una oración y muchas otras historias; pero no les digas que eres el más santo del mundo. No te pongas como ejemplo de espiritualidad. No se mira bien. El único modelo que imitar es Cristo. Pablo dijo: «*Sed imitadores de mí, así como yo de Cristo*» (1 Corintios 11:1). Tú no eres Pablo. La modestia calza mejor que la pedantería.

Ilustraciones de la vida real

También están las ilustraciones de la vida real. Jesús usaba las ilustraciones del medio en el que predicó. Una ilustración no es un relato bonito. Es una mención, por ridícula que parezca, que esclarece lo que dijiste. Jesús ilustró su mensaje con la semilla, las plantas, los lirios, las aves, la pesca, la levadura, la red y decenas de figuras conocidas por sus oyentes. Eran pequeños pincelazos distribuidos con sabiduría en lo que explicaba.

Ilustrar es conducir al oyente de lo conocido a lo incógnito. La vida real está llena de ejemplos. Cuando estábamos en el seminario pagábamos cualquier precio por un libro de ilustraciones. No son malos, pero a veces conducen al oyente fuera de su ámbito social. Lo que para ti es vida real, para otro puede significar el más absurdo sinsentido. Incluso hasta las palabras pueden cambiar de significado en otra latitud.

Cuando salí de mi país me di cuenta de que decía palabras que ofendían a personas de otras latitudes. Tuve que interiorizar una serie de cambios. Eran palabras que venían en el diccionario, pero en otro sitio tenían significados obscenos, denigrantes o de mal gusto. En uno de mis primeros sermones fuera de mi país me reclamaron, y no fue por algo obsceno.

Prediqué del hijo pródigo. La Biblia dice: «*Deseaba llenar su vientre de las algarrobas que comían los cerdos*» (Lucas 15:16). En mi país llaman a la comida de los cerdos «sancocho». Hasta los ateos tienen una adivinanza que dice: «Cuál es el santo más sucio», la respuesta es: «Sancocho».

En Cuba el sancocho de los cerdos puede ser una mezcla maloliente de desperdicios de alimentos humanos, hasta el pienso que les dan de comer. Así que en un momento del sermón pregunté: «Comería usted sancocho».

Noté que algunos lo habrían comido y otros, incluso, lo apetecían. Se les hacía la boca agua —como dice el refrán. Fueron corteses. Cambié el giro y continué con el sermón. A la salida una señora me dijo: «Pastor, quiero que sepa que en mi país el sancocho es un plato delicioso. Es un caldo con carne bien condimentado y sazonado junto con muchas viandas y otras cosas. Es exquisito».

«En mi país eso se llama ajiaco. Me gusta mucho» —dije. Quedó satisfecha, pero todavía no le digo sancocho al ajiaco; aunque tampoco lo menciono cuando predico.

Las ilustraciones de la vida real deben tener características específicas: el auditorio comprende a qué se refiere el predicador, no crean confusión, no evocan obscenidades, no ofenden a nadie y esclarecen aspectos implicados en el sermón.

Incluso, ninguna palabra es igual a otra, los sinónimos se aproximan al significado, pero no dicen lo mismo. Mucha gente concuerda en que: bello es más lindo que bonito y que el propio lindo.

No consigas ilustraciones fuera del contexto de los oyentes. No las entenderán. Ni siquiera un chiste se entiende fuera del contexto. No uses ilustraciones gastadas. Lo gastado no ayuda. Estorba.

A veces oía las mismas ilustraciones a distintos predicadores. Los alumnos que salían de un mismo colegio las repetían en los diferentes lugares a donde iban. No se percataban de que otros colegas habían pasado antes que ellos y las habían dicho. Lo peor era cuando alguno decía que le pasó a él. Los oyentes lo tildaban de mentiroso.

No digas que te pasó si no te sucedió. Si te descubren dejarán de confiar en ti. Y lo peor, corres el riesgo de que te lo digan. Si no tienes una ilustración apropiada, búscala o invéntala. Pero sé original.

Lo verosímil en la ilustración

Lo verosímil es lo creíble. No sabes si ha ocurrido, pero lo mencionas como si fuera un hecho real. Jesús usó hasta lo inverosímil: la parábola del rico y Lázaro es una de esas ilustraciones.

Jesús usó una creencia popular para ilustrar una verdad: después de muerto no existe nada que hacer para cambiar tu destino.

Jesús contó de dos hijos enviados a la viña (Mateo 21:28-32), los labradores malvados, (Mateo 21:33-46), la fiesta de bodas con un vestido idéntico para los asistentes (Mateo 22:1-14), las diez vírgenes (Mateo 25:1-13), y la parábola de los talentos (Mateo 25:14-30). El ministerio de Jesús estuvo lleno de comparaciones reales o verosímiles; pero Jesús es el Maestro de los maestros. No abuses de la creatividad. No eres Cristo.

Si cuentas una historia verosímil trata de que sea creíble de verdad. Crea una imagen que valga la pena. Que no sea un cuento. Lo increíble, la vulgaridad y la mentira son de mal gusto en la predicación. El predicador destaca por la capacidad de conducir al rebaño a buenos pastos y aguas frescas (Salmos 23). Mucha ingeniosidad puede ser negativa al predicador.

Ilustraciones negativas

Las ilustraciones negativas carecen de sentido espiritual. Las trivialidades son de mal gusto. Puede que enseñen verdades y lecciones, pero no encajan en el púlpito. Los pecadores desean conocer el modo de mejorar sus vidas.

Tu sermón debe conducirlos a Cristo y garantizarles un encuentro verdadero con él. Los cuentos y las fábulas no ayudan mucho a esta tarea.

Los cuentos

La gente no asiste a la iglesia para escuchar cuentos de fantasmas e historias de animales que se comportan como seres humanos. A todos nos gustan los cuentos. Todavía se escucha la frase: «Cuéntame un cuento abuelito».

En los cuentos predomina la fantasía. Aunque los hay más fantasiosos que otros, pero como cuentos, fueron creados para entretener más que para enseñar. La predicación no es cuento ni tiene el objetivo de entretener a los oyentes.

Cuando alguien no habla en serio, lo tildan de cuenta cuentos. Lo que no es una buena connotación para un predicador. Existen distintas variedades de cuentos, pero su estilo no es para predicadores. Dentro del cuento existe la sátira y el cuento mordaz, pero no son apropiados para ilustrar sermones.

Las fábulas

Las fábulas son más serias que los cuentos; muestran con sabiduría el comportamiento de los seres humanos. Ponen en boca de animales irracionales la conducta de personas reales. Nos alertan del peligro de las actitudes humanas. Nos ayudan a sospechar que detrás de ciertas formas demasiado buenas o muy malas puede surgir el peligro. Las fábulas están definidas como la sabiduría popular expresada de manera chistosa. No son buenas para la predicación. Los oyentes prefieren que le digas la verdad tal como es. El mal existe y está ahí delante de todos. No se trata de un animalito que actúa de tal o cual modo; es el resultado de un enemigo real que acecha como león rugiente para devorarte (1 Pedro 5:8). Adviértelos del peligro para que se cuiden.

Lo jocoso en la predicación

Lo jocoso en la predicación puede ser muy útil. Un proverbio dice: «Ríe y el mundo reirá contigo; llora y llorarás solo». Pero el predicador no es un payaso que trabaja para que la gente se ría. La misión no es hacer reír a la gente, sino llevarlos a Cristo. Lo jocoso en la predicación no surge de un chiste, sino del modo como se muestran las cosas. La ingeniosidad puede ser chistosa, a veces hace reír. Pero no se aprende, es un don con el que se nace.

Surge de la manera natural como las personas hablan. Hacer reír es un don escaso, es más fácil producir llanto. Algunos son especialistas en hacer llorar a los demás, hasta se deleitan haciéndolo. Basta con ofender a una persona sensible y enseguida surgen las lágrimas. La risa y el llanto salen de estados emocionales; pero es más fácil hacer llorar que reír.

Hay personas expertas en manipular las emociones; pero la predicación no debe ser manipuladora. Ni para hacer reír ni para provocar el llanto. El secreto del éxito del predicador está en mover las emociones y el intelecto de los oyentes al mismo tiempo. No está en hacerlos llorar o reír, sino en lograr que tomen las decisiones correctas. Que sigan a Jesús.

El chiste en la predicación

La definición de «chiste», es: «Dicho u ocurrencia agudos y graciosos. Dibujo de intención humorística, caricaturesca o crítica, con texto o sin él, referido generalmente a temas de actualidad. Suceso gracioso y festivo. Chanza, burla, broma» (RAE, 2017); la cita contiene cuatro acepciones principales.

Ser chistoso no es contar cuentos. El chiste es más profundo que el cuento. Observa las cuatro acepciones de la RAE y te darás cuenta de qué es útil y qué no lo es en la predicación.

Dicho u ocurrencia agudo y gracioso.

Dibujo, caricatura o crítica, referido a tema actual.

Ocurrencia graciosa.

Chanza, burla, broma.

De las cuatro acepciones solo una puede ser útil al predicador: La primera: «ocurrencia aguda y graciosa». Lo difícil es que esa manera de hablar casi siempre surge de la vocación natural del orador. No se aprende, ni se estudia en colegios o libros.

Por eso es difícil hacer reír en la predicación. Quienes tienen ese don no se esfuerzan por hacer reír a la gente ni lo planifican. La gente ríe porque nota la naturalidad con que expresan las verdades que dicen; los oyentes aceptan duras verdades riéndose.

La predicación no es caricatura ni ocurrencia graciosa, y menos, chanza, burla o broma. El sermón no trata de entretener, ni de burlarse de alguien, ni de tomar el pelo a la gente; sino que, procura conducirlos a Jesús para que los transforme y salve.

La risa en la predicación

Lo más probable es que la predicación de Jesús hacía reír a la gente. Jesús fue profundo, incisivo en su modo de decir las cosas y provocaba reacciones inmediatas. Enseñó a la gente de un modo peculiar. El análisis de su modo de hablar y actuar insinúa el comportamiento de quienes lo escuchaban.

Por ejemplo, *«pasar un camello por el ojo de una aguja»* (Mateo 19:24). No te preocupes por cuál fue el ojo de aguja a que Jesús se refirió. Es un dato discutible. Existe más de una opinión al respecto: que es una aguja de coser o una puerta pequeña en la puerta grande del muro; no importa, cualquiera de los dos casos es de una ocurrencia ilimitada.

Jesús habló de un imposible, no trates de hacerlo posible para demostrar que Jesús no se equivocó. Puso de ejemplo un imposible: pasar un camello por el ojo de una aguja.

Imagina a alguien enhebrando una aguja con un camello entre sus dedos. A veces es difícil meter un hilo por el ojo de la aguja, imagina hacerlo con un camello. Fue una declaración graciosa, cómica.

Luego surgió la idea de que tal vez Jesús se refirió a una puertecilla que había en la puerta grande del muro, por donde entraban a la ciudad los que se quedaban fuera después que los guardias cerraban la puerta principal; esa puerta pequeña se llamaba: ojo de aguja. Era para que entrara una persona a pie. Hay razones para pensar que Jesús no se refirió a esta puerta.

La primera razón es que según parece estas puertas se inventaron como cien años después de Cristo. La segunda razón es que Jesús ilustró un imposible y cuando alguien con un camello quedaba fuera de la ciudad, con mucho esfuerzo, entraba por el ojo de aguja; desmontaba la carga de sobre el camello, lo arrodillaba, lo arrastraba y lo entraba. Era difícil, pero entraba. Jesús ilustró que un rico no puede entrar en el reino de los cielos, a menos que Dios lo transforme.

Pero no importa a que ojo de aguja Jesús se refirió, piensa en las emociones de quienes oyeron a Jesús. Cualquiera de las dos interpretaciones debió hacerlos reír. Qué crees que hacía la gente cuando veían a alguien arrastrando un camello vacío por un agujero tan pequeño; cómo reaccionaron al imaginar una persona enhebrando una aguja con un camello. Es probable que rieron.

Otro caso ocurrió cuando los fariseos le preguntaron a Jesús si debían pagar tributo a César. La gente esperaba una respuesta complicada, tal vez como la que daban los fariseos y los rabinos; pero Jesús solo hizo una pregunta: *«¿De quién es esta imagen, y la inscripción?»* (Mateo 22:20). Ante el asombro de ellos dijo: *«Dad a César lo que es de César, y a Dios lo que es de Dios»* (Mateo 22:21). Qué crees que hizo la gente cuando los acusadores de Jesús huyeron despavoridos. Es probable que rieron.

Por esto mataron a Jesús, porque ridiculizaba la sabiduría humana. Odiaban a Cristo porque ponía como tontos a gente orgullosa de sus conocimientos. Se creían sabios y Jesús los humillaba en público. La gente percibía a simple vista que la verdad estaba en Jesús. Por eso él dijo: «*Yo soy el camino, y la verdad, y la vida; ninguno viene al Padre si no es por mí*» (Juan 14:6). Les mostró que fuera de él no hay salvación posible.

Lo jocoso de la predicación de Jesús no estaba en contar cuentos, decir fábulas o entretener a la gente; la gracia surgía de la sabiduría que había en sus palabras.

El contraste de las complicadas enseñanzas de los rabinos, con la sencillez de las palabras de Jesús, asombraba a la gente y los hacía reír. Todos se maravillaban de él. Los enemigos de Jesús dijeron: «*¡Jamás hombre alguno ha hablado como este hombre!*» (Juan 7:46).

Ningún hombre hablará jamás como Jesús. Él es el Maestro. Pero esfuérzate y hazlo lo mejor que puedas. No trates de ser gracioso si no tienes el don. La gente ríe de la naturalidad y critica a quien finge. Si tienes el don de hacer reír no tienes que esforzarte para lograrlo. Lo natural nace y crece solo. Cultívalo y úsalo para bien de la gente. Agradécele a Dios por los dones que te dio.

No planifiques ni hacer reír ni arrancar lágrimas a tus oyentes. No juegues con los sentimientos de las personas. Si lloran o ríen en tu sermón, que sus emociones broten de la contrición de sus corazones tocados por el Espíritu Santo, que actúa a través de tu mensaje espontáneo.

La sabiduría en la predicación

Los medios que Jesús usaba para ilustrar sus prédicas eran recursos lingüísticos pronunciados con naturalidad. Él mostró una habilidad inigualable con el lenguaje humano. Usó la exageración, el sarcasmo, el símil y las parábolas.

El uso de la hipérbole

Jesús usó la exageración. Recomendó a los pecadores que controlen los miembros del cuerpo que los inducen a pecar: «*Sácate el ojo que mira lo que no hay que mirar, si tu mano derecha actúa mal córtala*» (Mateo 5:29-30); y exageró la importancia del pecado propio en comparación con el del prójimo; quería que supiéramos que la falta que nos pierde es la nuestra y no la de nuestros parientes, amigos o vecinos: «... *saca primero la viga de tu propio ojo, y entonces verás bien para sacar la paja del ojo de tu hermano»* (Mateo 7:3). No son los únicos casos.

La exageración como herramienta del predicador funciona como el microscopio al científico, le permite mostrar a los oyentes lo invisible a simple vista. Lo difícil de observar.

Este recurso se llama hipérbole, significa: «Aumento o disminución excesiva de aquello de que se habla. Exageración de una circunstancia, relato o noticia» (RAE, 2017). Es un buen método para que la gente perciba la realidad sin ofenderse.

El sarcasmo

El sarcasmo es otro de los recursos lingüísticos al alcance del predicador. Jesús también usó el sarcasmo. Advirtió a sus discípulos que para entrar en el reino de los cielos debían tener una *«justicia mayor que la de los fariseos»* (Mateo 5:20).

¿Eran justos los fariseos?, por qué Jesús llamó justicia a lo que no lo era; porque deseaba que sus seguidores quitaran la vista de lo que todos creían que era el mejor ejemplo de comportamiento espiritual.

Jesús llamó «sanos» a los fariseos porque no se juntaban con pecadores, y dijo: *«no tiene necesidad de médico»* (Mateo 9:12). ¿Existe alguna persona que no necesite del Médico divino? La declaración fue una condena y no un elogio. Fue un sarcasmo.

El sarcasmo mal usado puede ser cruel y destructivo. La RAE define sarcasmo de dos maneras: como un arma ofensiva, o como un recurso literario: «Burla sangrienta, ironía mordaz y cruel con que se ofende o maltrata a alguien o algo. Empleo de la ironía o burla del sarcasmo con fines expresivos» (RAE, 2017). Ten cuidado con este recurso. La ironía puede ser cruel.

Un profesor dijo: «No tienes el derecho de ofender a tus oyentes, nadie les paga para que te escuchen; lo hacen porque quieren»; pero el sarcasmo utilizado con cuidado y finesa, con un buen propósito, muestra a la gente sus faltas de un modo indirecto. Es aceptable.

El símil

Otro recurso lingüístico es el símil. La comparación de algo con otra cosa que admiramos o condenamos. Se usa en cualquier sentido. Es una «comparación o semejanza entre dos cosas» (RAE, 2017). Jesús también usó el símil. Invitó a sus discípulos a pescar hombres (Mateo 4:19. Dijo que la iglesia es, «*la sal de la tierra*» (Mateo 5:13), que preserva la vida y da sabor; comparó a sus seguidores con una luz en alto para que alumbre a todos y la vean (Mateo 5:14-16). Jesús fue el maestro del símil, para todo tenía una comparación.

Pedro usó la analogía para señalar lo negativo, comparó a los falsos profetas y maestros mentirosos con: «*fuentes sin agua*» y «*nubes tormentosas*» (2 Pedro 2:17).

El símil, bien utilizado, es una herramienta poderosa. Jesús llevaba de lo conocido a lo desconocido. Usaba comparaciones relacionadas con la vida cotidiana de sus oyentes. No tiene sentido comparar con lo desconocido. Los oyentes no reaccionan, a veces ni saben lo que dijiste.

Las parábolas

La parábola es un relato que encierra una lección importante que deseamos enseñar a los oyentes. Utiliza la comparación, la similitud; pero es más amplia. Cuenta una historia y los oyentes deducen y extraen la enseñanza moral o espiritual contenida en el relato. Jesús habló en parábolas, fueron su herramienta favorita para enseñar a sus oyentes.

No importa el recurso que uses como ilustración de lo que dices, ten en cuenta que las ilustraciones son complementarias. Recuerda las ventanas de las casas, no son ni muchas ni pocas; son las necesarias para que pase la luz. Ten sentido común.

Dos grandes géneros de predicación

La predicación abarca dos grandes géneros: didáctico y evangelístico. La predicación didáctica va dirigida a los miembros de iglesia; y la evangelística a ganar a los no conversos. Una de las mayores preocupaciones del predicador debe girar alrededor de la confirmación y crecimiento de los seguidores de Jesús (2 Timoteo 4:1-5). Pablo recomendó a Timoteo atención a la iglesia y evangelismo. El evangelismo fortalece a la iglesia y atrae a los de afuera. Una buena campaña evangelizadora edifica a la feligresía, porque consolida a los miembros en las verdades que aceptaron y atrae y convence a nuevos adeptos.

Es poco probable que la iglesia crezca cuando en ella no existe una predicación equilibrada.

Analicemos ambos aspectos por separado.

Predicación didáctica

La predicación didáctica edifica la vida cristiana del creyente, alimenta a la congregación, fortalece los cimientos espirituales de los conversos y enseña la sana doctrina. Va dirigida al crecimiento espiritual de los seguidores de Jesús. Es formativa. Los prepara para resistir los ataques de las fieras voraces, como Pablo advirtió (Hechos 20:28, 29).

Si deseas predicar sermones que cumplan las expectativas recomendadas por el Apóstol, instrumenta en tu predicación estas cinco recomendaciones: predica a los conversos, orienta al creyente, alimenta a la congregación, fortalece al discípulo, sana a los enfermos espirituales y predica la sana doctrina.

Esto no abarca todo lo que representa la predicación didáctica, pero dichos aspectos fortalecen el concepto de lo que significa cuidar del rebaño de Dios. Tengo una declaración de propósito que me ha ayudado a conducir el rebaño con éxito: «Una iglesia bien alimentada, saludable y feliz, es una iglesia que crece». Lo he experimentado.

La predicación didáctica va dirigida a una audiencia convertida a Dios. La primera responsabilidad de un predicador es alimentar y cuidar el rebaño de Dios. Orienta al creyente sobre la vida cristiana. Alimenta a la congregación. Fortalece los cimientos espirituales del creyente y los conduce a la sana doctrina.

Predicación evangelística

La predicación evangelizadora presenta un mensaje sencillo, no atiborra la mente de los oyentes con muchos y complicados pasajes bíblicos. Predica la necesidad de aceptar a Cristo para ser salvos y promueve la aceptación de Jesús e invita a que los inconversos lo reciban como Salvador.

La evangelización es un tema aparte que requiere características específicas del orador y conocimiento especializado del evangelista. Pero ten en cuenta algunas características esenciales de los sermones evangelísticos.

El mensaje evangélico es Cristo céntrico. Cristo es el centro que atrae a los pecadores. La ciencia del evangelismo va más allá de enseñar teología a los oyentes, más que cualquier otro mensaje, incluye el elemento de la persuasión.

Mientras predicas, los oyentes deben sentir que el Espíritu Santo los atrae a la cruz de Cristo. Cada punto del sermón va dirigido a mover el intelecto y las emociones del auditorio.

La predicación en serie brinda la oportunidad de profundizar en el contenido evangelístico. No te vayas por las ramas. Traza un camino progresivo ante el auditorio. Enfoca los pasos hacia la salvación: amor de Dios, amor redentor, las consecuencias del pecado, el arrepentimiento, la conversión, la transformación, la obediencia a Dios, la esperanza en Jesús, la redención, la entrega, el compromiso y otros.

No tienes que incluirlos todos en la serie. Usa los más necesarios dentro de tu plan evangelizador. Depende de la cantidad de temas que te pidan.

Piensa en un tema, elige el texto bíblico, bosqueja el texto, prepara el sermón y trata de encontrar en él los pasos anteriores a la salvación. Cuando los tienes el resto es trabajar y pulir. Lo más difícil es determinar el enfoque de las distintas partes del texto. Por lo demás, casi cualquier texto te conduce al mismo objetivo: Cristo.

Has una relación de los pasos hacia la salvación y tenla contigo. Redacta la lista en el orden que consideras lógico para que el pecador la acepte, presenta un mensaje progresivo. Tal vez: amor divino, amor redentor, reconocimiento del pecado, arrepentimiento, confesión, obediencia, etc. No te preocupes por el texto elegido, la Biblia está llena de estos mensajes, los repite miles de veces. El relato bíblico es la historia y perspectiva de la especie humana al llamado redentor divino. Narra el involucramiento de Dios, que es amor, con la humanidad rebelde, que a duras penas comprende el sacrificio divino para salvarnos.

El ser humano es el mismo en cualquier época. Cada evento donde interactúan personas contiene elementos de perdición y salvación. Identifícalos y aplica la lista de los temas evangelísticos, es tu herramienta hasta que te entrenes y los identifiques a simple vista. Tengo decenas de series que aparentemente son distintas, pero enfocan los mismos pasos desde ángulos diferentes. El tema no cambia, sino el punto de vista.

No necesitas mencionar la temática, basta que clasifiques las actitudes humanas encontradas y describas cómo procedieron los distintos actores. Necesitas que parezca sencillo. Que vean a las personas actuar y tomar decisiones para bien o para mal. Que imiten las acciones positivas y renuncien a las negativas. Que se conviertan.

Ser predicador te convierte en un instrumento divino para el bien de la humanidad. No trabajas para ti, tu patrón es Dios que te llamó, atiende tus necesidades y te sostiene. Por grande que te parezca tu talento, no eres tú quien descubre las verdades entre historias contadas hace miles de años. Es Dios, por medio de su Espíritu Santo quien te las muestra.

Por tanto, él no te pide que descubras lo que existe ahí desde antes que nacieras. Tu trabajo es desempolvar los tesoros ocultos, recogerlos, organizarlos, guardarlos con esmero y mostrarlos a la gente. Un trabajo que parece sencillo, pero que no lo es.

Si quieres realizarlo debes prepararte con esmero. Sacrifícate. Estudia. Invierte tiempo y recursos en tu preparación. La casualidad no existe, solo triunfan los que luchan. Si deseas predicar con poder, sé un estudiante inquebrantable de la Biblia.

Predicas con poder cuando logras que el Espíritu Santo te tome, hable por ti y conmueva a los oyentes. Hablas con poder cuando te deshaces de ti y los oyentes miran a Dios delante de ellos y oyen la voz de Jesús que les dice al oído: sígueme.

Lo siguen a él y tú desapareces en el tiempo mientras ellos continúan con Jesús y viven con él por la eternidad.

Si te lo propones lo lograrás. No te detengas en el tiempo. Aprovecha este impulso y avanza hacia la meta de tu vida: predicar con poder. Jesús te envió a los perdidos, el Espíritu Santo está ahí para guiarte a ellos y el Padre desea que te involucres en la obra redentora que involucra al universo entero. No desistas. Avanza. Te convertirás en el predicador poderoso al servicio de Cristo que anhelas ser.

REFERENCIAS

Biblioteca virtual Miguel de Cervantes. (1 de 11 de 2018). Obtenido de: www.cervantesvirtual.com

Instituto Hispanoamericano de la Misión. (31 de 10 de 2018). Biblia Todo. Obtenido de: www.bibliatodo.com/Diccionario-biblico/homiletica

Real Academia Española. (2017). *Diccionario de la lengua española* (23 ed.). España.

Valenzuela, A. (2005). *Los dones espirituales.* Pasadena, CA: Living Ministry.

Vyhmeister, N. W. (2009). *Manual de investigación teológica.* Yucaipa, CA: Zondervan.

www.muyhistoria.es/articulo/*quincefrasesdeeinstein.* (20 de septiembre de 2018).

AGRADECIMIENTO

Si te fue útil este libro te agradezco que lo recomiendes a quienes, como tú, desean predicar el evangelio de Cristo. Si no te es molestia, tal vez puedes dejar un comentario en la plataforma de venta donde lo compraste. Así ayudarás a que el libro tenga mayor visibilidad y llegue a otros con mayor rapidez.

Que Dios te bendiga mucho y te ayude a cumplir tu ministerio de predicación.

¡Gracias por tu apoyo!

José M. Moral

Nota: Web: jmoralministries.org
Ahí están algunos sermones en audio
y video. También encontrarás ideas para sermones.
Te deseo muchas bendiciones.

Predica con poder

Printed in Great Britain
by Amazon